HERDEIROS DA IMORTALIDADE

EDITORA EME

Edição e distribuição

EDITORA EME
Caixa Postal 1820 – CEP 13360-000 – Capivari – SP
Telefones: (19) 3491-7000 | 3491-5449
Vivo (19) 99983-2575 | Claro (19) 99317-2800
vendas@editoraeme.com.br – www.editoraeme.com.br

HERDEIROS DA IMORTALIDADE

RICARDO ORESTES FORNI

Capivari-SP
- 2018 -

1ª edição – março/2018 – 3.000 exemplares

CAPA | André Stenico

DIAGRAMAÇÃO E REVISÃO | Editora EME

Ficha catalográfica

Forni, Ricardo Orestes, 1947
Herdeiros da imortalidade / Ricardo Orestes Forni – 1ª ed. mar. 2018 – Capivari, SP : Editora EME.
192 p.

ISBN 978-85-9544-053-1

1. Espiritismo. 2. Desenvolvimento pessoal. 3. Autoajuda.
I. TÍTULO.

CDD 133.9

SUMÁRIO

Pensando juntos

O ESPÍRITO REENCARNADO tem que participar do mundo material, onde assume responsabilidades, sem nenhuma dúvida. O grande problema é não nos esquecermos, quando mergulhamos no revestimento físico, de que um dia o deixaremos para retornar ao local de nossa origem, onde somos herdeiros da imortalidade. Também nesse retorno poderemos ser felizes ou infelizes de acordo com o cumprimento ou não dos objetivos que um dia nos trouxeram, pela bênção da reencarnação, a uma nova existência na escola da Terra.

É assustador o número de pessoas que correm de um lado para outro atrás dos afazeres materiais, inclusive lamentando porque o dia, na interpretação delas, não tem mais do que vinte e quatro horas! São os assim chamados *workaholics*, em denominação da língua americana. Ou seja, pessoas viciadas em trabalho. Como ensina o ditado que nem tanto ao mar nem tanto à terra, ser preguiçoso é uma atitude lamentável, mas ser viciado em trabalho também foge ao equilíbrio. Principalmente para nós espíritas, que sabemos muito bem as razões que nos trouxeram de volta ao mundo carnal.

As páginas que se seguirão, de curta extensão cada uma,

servirão para que coloquemos uma pequena pausa na tribulação do dia a dia e mergulhemos na realidade espiritual dos motivos pelo quais transitamos temporariamente no mundo dos homens. Essas linhas convidam o leitor a pequenos raciocínios sobre as necessidades do espírito imortal, sem atrapalhar a rotina diária. Sendo de pequena extensão, podem servir, da mesma maneira, para darmos início, através delas, à exposição doutrinária de alguns assuntos.

Pensando em não atrapalhar o seu dia a dia foi que escrevemos essas meditações para os seus momentos de reflexão diários.

O QUEIJO CURADO

MUITAS PESSOAS CREEM, erradamente, comodamente, que a opção por uma fé religiosa com a devida frequência a determinada igreja ou templo religioso representaria um salvo-conduto contra as dificuldades da vida. É como se estabelecessem um acordo com Deus: eu creio em Ti através dessa ou daquela religião e, em troca, recebo uma proteção contra os problemas da existência.

O espírita acreditaria que, por receber um estoque de passes e de água energizada (ou fluidificada, como preferem muitos), ficaria livre dos problemas que ele mesmo semeou no solo da existência em vidas anteriores, cuja colheita é sempre obrigatória. Ou mesmo que não se trate de uma colheita amarga da semeadura realizada, mas sim de provações necessárias ao aprendizado e consequente crescimento de cada ser.

O católico acreditaria que pelo fato de frequentar a missa e ter o santo de sua devoção estaria isento de dificuldades nessa vida, que para ele é única.

Da mesma forma raciocinariam as pessoas de outras religiões cristãs.

E como se daria o processo evolutivo para o qual fomos criados um dia por Deus se gozássemos de férias aqui no mundo e das delícias de um paraíso eterno do outro lado? Nenhum problema, nenhum contratempo, nenhuma dificuldade, nenhuma doença, filhos perfeitos, esposas dedicadíssimas e maridos que seriam verdadeiros príncipes cavalgando o corcel das ilusões.

No livro *Outras histórias*, os espíritos Hilário Silva e Valerium (em psicografia de Antônio Baduy Filho, capítulo 13, Editora IDE) nos trazem uma interessante história que aborda o assunto. Contam eles que um senhor espírita estava decidido a largar a doutrina porque vivia rodeado de problemas, embora fizesse de tudo ao seu alcance para auxiliar as pessoas. Um amigo preocupado com essa ideia errada do companheiro convidou-o a uma conversa fraterna na cozinha de sua casa, onde a esposa preparava a refeição e também havia acabado de coar um café. Sentaram-se à mesa e, na ocasião, a senhora ralava um suculento pedaço de queijo curado. Grossas e saborosas fatias derramavam-se anarquicamente sobre uma macarronada com apetitoso molho vermelho. O companheiro observou o queijo e disse para o amigo desanimado:

– Repare nesse queijo curado, que aceita a ação do ralador e complementa de forma deliciosa o alimento a ser preparado.

– E o que é que tem esse pedaço de queijo com o meu desânimo, meu amigo?

– Você acha que se fosse queijo fresco ele suportaria a ação do ralador? – esclareceu o interpelado.

– Evidente que não. Quebrar-se-ia todo porque não está no "ponto" para ser ralado.

– O mesmo acontece conosco, companheiro. O ralo das dificuldades só nos alcança com a permissão de Deus quando estamos no "ponto" para rendermos o melhor em favor do semelhante e de nós mesmos. É nesse exato momento que as dificuldades de que temos necessidade nos atingem, "ralando-nos" para nos transformar em pessoas melhores!

Emmanuel, no livro *Fonte viva* (Editora FEB), na lição de número 171, nos traz importantes esclarecimentos sobre esse assunto com o título "Testemunho". Vamos a ela:

"Muitos se queixam da luta moral em que se sentem envolvidos, depois da aceitação do Evangelho.

Em caminhos diferentes, sentem-se modificados.

Não mais mergulham nas correntes escuras da vaidade.

Não mais se comprazem no orgulho.

Não mais se compadecem com o egoísmo.

Não mais rendem culto à discórdia.

E, por isso, de alma desenfaixada, por perderem velhos envoltórios da ilusão, reconhecem que a sensibilidade se lhes aguça, agravando-lhes as aflições na romagem do mundo.

Sentem-se expostos a doloroso processo de burilamento e admitem padecer, mais que os outros, angustiosas provas. Mas, na sublimação espiritual de que oferecem testemunho, outros filhos da Terra tomam contato com a Boa-Nova, descobrindo as excelsitudes da vida cristã e estendendo-lhe a luz divina.

Se nos encontrarmos, pois, em extremos desajustes na vida íntima, em face dos problemas suscitados pela fé, saibamos superar corajosamente os conflitos da senda, optando sempre pelo sacrifício de nós mesmos, em favor do bem geral, de vez que não fomos trazidos à comunhão com Jesus simplesmente para o ato de crer, mas para contribuir na extensão do Reino de Deus, ao preço de nossa própria renovação.

Ninguém recue, diante do sofrimento. Aprendamos a usá-lo, na edificação da vida mais eficiente, em frutos de paz e luz, serviço e fraternidade, bom ânimo e alegria, porque, segundo o Evangelho, a isso fomos chamados, com o exemplo do Divino Mestre, que renunciou em nosso benefício, deixando-nos o padrão de altura espiritual que nos compete atingir."

***

Uma sugestão: quando estivermos tomando nosso gostoso cafezinho, perguntemo-nos que tipo de queijo ainda somos: o fresco, que não suporta o ralador, ou o curado, que já aguenta firme as provações ou expiações necessárias ao nosso crescimento?

VOCÊ CORTARIA A CORDA?

Li certa ocasião uma bonita história de autor não identificado que passo a narrar com as minhas palavras e que contava o seguinte: um corajoso alpinista decidiu escalar uma montanha extremamente perigosa; rajadas de vento forte percorriam a elevação; nevascas se faziam presentes e castigavam duramente a região. Intempéries das mais variadas assaltavam o obstáculo gigante que iria ser submetido à conquista por aquele homem destemido.

Indagado se não tinha nenhum tipo de receio, respondia seguro que confiava em Deus e por isso levaria avante o desafio a si mesmo.

Se assim dizia, assim fez. Deu início à perigosa empreitada de conquistar o gigante de pedra que apontava para o alto.

Em um determinado trecho da escalada foi surpreendido por uma forte nevasca. As mãos congelavam e mal conseguia segurar a corda ou manusear os apetrechos necessários à sua segurança. A respiração era difícil. Os lábios se arroxearam. Os olhos mal conseguiam permanecer abertos. Ardiam muito pelo rigor da temperatura. As pernas se enrijeciam. Sentindo-se próximo do fim, resolveu gritar pelo socorro de Deus.

– Senhor! Eu creio em Ti! Socorra-me!

Nada! Apenas o uivo do vento violento e a neve que despencava como se fosse uma forte cascata a castigar-lhe o corpo comprometido.

Resolveu gritar de novo:

– Senhor! Socorra-me que estou a morrer!

O silêncio continuava presente. A situação tornava-se insuportável a cada segundo que passava e a morte se aproximava rapidamente.

Nova tentativa:

– Senhor! Não aguento mais! Envie-me o socorro!

Nisso, escutou uma voz que não sabia de onde vinha:

– Corte a corda!

Cortar a corda?! Mas era ela que o salvava até então! Estava dependurado nela. Sua vida dependia dela. Não entendendo, tornou a pedir:

– Senhor! Socorra-me! Vou despencar dessas alturas e encontrarei a morte!

Ouviu novamente a mesma voz a repetir:

– Corte a corda!

Não! Não era possível que Deus estivesse mandando cortar a corda! Devia ser a voz de algum inimigo, mas não a voz de Deus. Agarrou-se o mais que pôde na corda e aguardou por socorro.

No dia seguinte, quando a equipe de socorro chegou, o homem estava morto a apenas um metro do chão. Se ele tivesse cortado a corda...

No livro *Palavras de vida eterna* (FEB), psicografia de Chico Xavier, Emmanuel nos ensina na página "Tende fé em Deus", capítulo 162, o seguinte:

"Bastas vezes, as dificuldades na concretização de um projeto elevado se nos afiguram inamovíveis.

Começamos por reconhecer-lhes o peso inquietante e estimáveis companheiros acabam por destacar-nos a importância delas, como a dizer-nos que é preciso renunciar ao bem que pretendemos fazer.

Tudo, aparentemente, é obstáculo intransponível...

Mas Deus intervém e uma porta aparece.

Há circunstâncias, nas quais o problema com que somos defrontados, numa questão construtiva, é julgado insolúvel.

Passamos a inquietar-nos e, não raro, especialistas no assunto comparecem junto de nós, apontando-nos a impraticabilidade da solução.

As obscuridades crescem por sombras indevassáveis...

Mas Deus interfere e desponta uma luz.

Em certas ocasiões, uma pessoa querida, ao perturbar-se de chofre, fornece a impressão de doente irrecuperável.

Afligimo-nos ao vê-la assim em desequilíbrio e, quase sempre, observadores amigos comentam a inexequibilidade de qualquer melhoria, induzindo-nos a largá-la ao próprio infortúnio.

Avoluma-se a prova que lembra angústia inarredável...

Mas Deus determina e surge um remédio.

Ocorrem-te no mundo as mesmas perplexidades, em matéria de saúde, família, realizações.

Salientam-se fases de trabalho em que a luta é suposta invencível, com absoluto desânimo daqueles que te rodeiam, mas Deus providencia e segues, tranquilo, à frente.

Por mais áspera a crise, por maior a consternação, não percas o otimismo e trabalha, confiante.

Ouçamos, nós todos, a indicação de Jesus:

– Tende fé em Deus."

***

Você, dependurado na montanha dos problemas da existência, ao pedir o socorro de Deus, cortaria a corda?

QUANTOS PÃES TEMOS?

No SERMÃO DO Monte, Jesus falou para uma multidão de quase cinco mil pessoas! Número assustador, no bom sentido, para a época. Leve-se em consideração que não havia o sistema de som que existe hoje. Microfones ultrassensíveis, caixas de som, amplificadores, acústica do ambiente etc.

Terminados os ensinamentos, os apóstolos se aproximaram dele e perguntaram como iriam alimentar todo aquele povo que estava faminto. Jesus faz uma pergunta anotada por Marcos em seu Evangelho, 8:5: “Quantos pães tendes?”. Ou seja, Jesus pediu alguma participação dos discípulos para poder atendê-los. Será que essa atitude tem alguma coisa a ver conosco nos dias atuais? Vejamos.

Muitas pessoas comparecem ao centro espírita pedindo pela saúde, que está correndo algum risco. A todas elas Jesus torna a indagar: “Quantos pães tendes?”.

Sim, porque temos que fazer algo, temos que oferecer alguma coisa sobre a qual Jesus, através dos espíritos que nos socorrem, possa agir. De que adianta procurar a saúde em um centro espírita e em casa comer exageradamente, muito além do necessário? Beber o que não deveríamos beber. Frequentar noitadas totalmente dispensáveis. Não realizar nenhum tipo de atividade física ou não realizar os exames rotineiros recomendados pela medicina atual. "Quantos pães tendes?", volta Jesus a perguntar a cada um de nós. Ou seja, "você quer o socorro para a sua saúde? E o que tem você para oferecer para que eu possa auxiliá-lo?".

Outras vezes a pessoa comparece ao centro espírita a pedir para a paz em seu lar, que anda meio periclitante. A pergunta registrada por Marcos se levanta novamente: "Quantos pães tendes?", ou seja, o que você tem a oferecer para que ele possa auxiliar no restabelecimento da paz em seu lar? Se você busca essa paz e quando a sua esposa fala A, você retruca com B, C, D, E, F, G, H, I, J, K etc., você não está oferecendo a sua parte para que os espíritos lhe auxiliem em nome do Mestre. O mesmo se pode dizer da esposa que busca o auxílio para a paz junto ao marido e, ante a primeira palavra ríspida por parte dele, dispara todo um vocabulário incompatível com a paz que busca.

Outras vezes são as pessoas que vão ao centro espírita pedir pelos filhos que estão sem rumo na vida. E a mesma pergunta se levanta: "Quantos pães tendes?", ou seja, o que temos a oferecer para que esse filho ou filha seja auxiliado ou auxiliada pela espiritualidade amiga? Pedimos por eles, mas não arrumamos a mínima cota de tempo para o diálogo necessário à orientação desses filhos.

Emmanuel, comentando essa passagem de Marcos, assim

nos ensina no livro *Palavras de vida eterna* (FEB), psicografia de Chico Xavier, capítulo 9, sob o título "Socorro e concurso":

"Observemos que o Senhor, diante da multidão faminta, não pergunta aos companheiros: 'de quantos pães necessitamos?", mas, sim, "quantos pães tendes?'.

Em verdade, o Mestre conseguiu alimentar milhares de pessoas, mas não prescindiu das migalhas que os apóstolos lhe ofereciam.

O ensinamento é precioso para a nossa experiência de oração.

Não vale rogar as concessões do Céu, alongando mãos vazias, com palavras brilhantes e comoventes, mas sim pedir a proteção de que carecemos, apresentando, em nosso favor, as possibilidades, ainda que diminutas, de nosso esforço próprio.

Decerto, o Senhor operará maravilhas, no amparo a todos aqueles que te partilham a marcha...

Contudo, para isso, é necessário lhe ofereças os recursos que já conseguiste amontoar em ti mesmo para a extensão do progresso e para a vitória do bem.

Não te esqueças, pois, de que no auxílio aos outros não prescindirá o Senhor do auxílio, pequenino embora, que deve encontrar em ti."

***

Sempre que pedirmos alguma coisa a Jesus, olhemos as nossas mãos no sentido de analisar as nossas vidas e ver se temos alguma coisa ou algo a oferecer a ele para que o socorro nos alcance.

ONDE ESTÁ O SEU ESCORPIÃO?

André Luiz geralmente tem páginas com ensinamentos profundos e maravilhosos. No livro *Endereços da paz* (Editora CEU), psicografia de Chico Xavier, encontramos uma página em forma de história muito instrutiva, chamada "Proteção". Conta ele que um senhor hospedado em um hotel de pequena cidade chegou altas horas da noite para ocupar o quarto que havia reservado. Contudo, o hotel perdera a chave do local. O homem ficou extremamente bravo. Vociferava agitando os braços no ar. Deitava palavras de protestos. Blasfemava porque havia deixado uma soma de dinheiro dentro daquele quarto. O gerente do hotel ofereceu-lhe, pacienciosamente, outro quarto somente para aquela noite. Na manhã seguinte, outra chave seria providenciada e o hóspede tomaria posse do mesmo quarto. Depois de muito protesto, como não havia outra solução, o homem aceitou a oferta. Logo que o dia amanheceu, lá estava o resmungão com a chave na mão (enfim encontrada) adentrando o quarto. Ao levantar o travesseiro em busca do dinheiro ali deixado, qual não foi sua surpresa e seu grande espanto ao encontrar debaixo do travesseiro um enorme escorpião. A chave perdida na noite anterior o havia poupado de grave acidente.

Assim também procede conosco a Providência Divina. Coloca "escorpiões" nos locais onde podemos nos comprometer moralmente.

Que filas enormes se formam nos jogos de azar quando o prêmio acumula! Tantos milhões acumulados para o dia tal. E enormes filas de esperançosos hoje e decepcionados amanhã se formam. O escorpião do desencanto, do não acerto, é colocado ali pela Providência Divina, porque, na posse da fortuna oferecida, cairíamos em enganos morais que nos comprometeriam a reencarnação. Com o dinheiro farto poderíamos nos envolver com os jogos. Com bebidas importadas. Com o sexo em desequilíbrio. Com o dinheiro farto, exacerbaríamos nosso orgulho e vaidade.

Outras vezes o "escorpião" da Providência Divina se localiza em uma doença crônica que nos acompanha os dias aqui na Terra não nos deixando esquecer que essa vida, por mais longa que seja ela, encontra um fim, e que outra vida, com outros valores, nos espera.

Outras vezes o "escorpião" da Providência Divina está numa vida de dificuldades financeiras que irá nos impedir de pisotearmos pessoas como fizemos em vidas anteriores na posse da fortuna e da indiferença para com os problemas alheios.

Outras vezes o "escorpião" está localizado na dificuldade de estudarmos, por termos que trabalhar desde muito cedo, e assumirmos as responsabilidades de um lar. Em existências anteriores, de posse do conhecimento farto, humilhamos, subjugamos, exacerbamos nosso orgulho como senhores poderosos de um conhecimento que deve amparar e jamais humilhar a quem quer que seja.

Falando-nos sobre esse cuidado de Deus para conosco, Emmanuel, no livro *Palavras de vida eterna* (FEB), psicografia de Chico Xavier, tem uma página intitulada "Espera por Deus". Vejamos seus ensinamentos:

"Saibamos buscar o Pensamento Divino, atuante em todas as formas da vida, trabalhando na construção do bem, mesmo que os quadros da luta humana se nos mostrem tisnados pela sombra do mal.

Observa a planta frágil, muita vez desfigurada pelo bote de insetos daninhos, ao surgir da semente. Parece uma excrescência no barro de que se envolve; entretanto, encerra consigo as potencialidades que a transformarão em árvore vigorosa.

Fita a criança recém-nata, em muitas circunstâncias tocada por enfermidade inquietante. Vagindo nos braços maternos, mais se assemelha a pobre farrapo humano, guardado pela morte; todavia, traz na própria formação orgânica, aparentemente comprometida, a força que a transfigurará, talvez, num condutor de milhões de pessoas.

Não julgues o sofrimento por mal.

A tempestade carreia a higiene da atmosfera.

A doença do corpo é renovação do espírito.

Em todos os sucessos desagradáveis e em todas as condições adversas da existência, acalma-te e aguarda a intervenção da Infinita Bondade.

Disse Jesus: 'mas o Pai que está em mim é que faz as obras'.

O Criador está igualmente na Criação.

Diante do nevoeiro, não condenes as trevas.

Acende a luz do serviço e espera por Deus."

***

Quando resolvermos reclamar dessa ou daquela situação, julgando-nos esquecidos de Deus, procuremos ver se o escorpião do infortúnio não estaria nos aguardando exatamente nas condições em que desejaríamos estar.

DANDO TRABALHO PARA DEUS

Você já observou como vivemos dando trabalho para Deus? Não é esse tipo de trabalho do filho desobediente que o pai precisa ficar vigilante, chamando a atenção. Quando digo que vivemos dando trabalho para Deus, quero dizer que vivemos jogando nos ombros d'Ele o serviço que nos compete fazer! Por exemplo: "Deus te acompanhe!"; "Deus te guarde!"; "Deus te abençoe!"; "Vá com Deus!"; "Deus te ajude!"; "Fica com Deus!"; e tudo mais que possamos jogar nos ombros d'Ele, mesmo sabendo que o Criador não tem ombros como o entendemos.

No livro *Palavras de vida eterna*, psicografia de Chico Xavier (Editora FEB), em texto intitulado "Ajudemos também", Emmanuel faz a seguinte afirmação: "Em muitas ocasiões propomos a Benfeitores Espirituais determinados serviços que, acima de tudo, são oportunidades de trabalho que o Senhor abnegado e vigilante nos oferece".

Reparemos nessa afirmativa de muita profundidade. Quantas vezes, em grupo ou sozinhos, oramos pedindo por um determinado endereço onde está um enfermo? É válida tal atitude. Orar por quem está necessitado, vitimado por uma enfermidade. Entretanto, será que estamos fazendo a nossa parte além de pedir aos espíritos o socorro necessário? Temos ido pessoalmente ou em grupo visitar esse doente, levando até ele palavras de conforto ou determinado remédio que sua enfermidade requeira?

Outras vezes oramos sozinhos ou em grupo por um lar que a morte visitou pedindo o socorro dos espíritos amigos. Muito boa essa conduta. Entretanto, será que temos ido até essa casa sozinhos ou em grupo de amigos levar pessoalmente palavras de conforto aos familiares?

Em outras ocasiões, pedimos aos espíritos amigos por um determinado jovem envolvido com as drogas. Estamos corretos. Porém, será que pessoalmente temos tentado conversar com esse jovem para que ele sinta um apoio mais concreto de nossa parte, já que ele não consegue ver os espíritos que, com certeza, estarão tentando ajudá-lo?

Comumente oramos pela paz em nossa própria casa pedindo a proteção e a presença de entidades amigas. Devemos orar, sem nenhuma dúvida. Entretanto, o que temos feito para que a paz aí se instale e fique? Diante da discussão que se desenha, temos nos calado, renunciado, para que ela não se materialize?

Oramos pedindo pelos nossos filhos a proteção dos espíritos que servem por amor a Jesus. E o tempo que devemos doar a esses filhos, estamos dando através de uma conversa amiga, colocando nosso tempo à disposição deles para que sintam em nós o amigo de que necessitam?

Continua ensinando Emmanuel na página citada:

"Enunciamos rogativas e relacionamos diversos quadros de ação para a caridade.

O doente de certa rua.

O parente necessitado.

O obsesso que sofre não distante.

A casa conflagrada do vizinho.

O companheiro algemado ao leito.

O amigo em prova inquietante.

Os obreiros da Espiritualidade movimentam-se e ajudam, devotados e operosos; contudo, em suplicando o socorro alheio, não nos cabe olvidar o socorro que podemos prestar por nós mesmos.

É indispensável acionar as possibilidades da nossa cooperação fraterna, os recursos, ainda que reduzidos, de nossa bolsa, o nosso concurso pessoal, o nosso suor e as nossas horas, a benefício daqueles que a Sabedoria Divina situou em nossa estrada para testemunharmos a própria fé.

Diante da turba faminta, ouvindo as alegações dos discípulos que lhe solicitavam a atenção para as necessidades do povo, disse-lhes o Senhor:

– Dai-lhes, vós, de comer...

E os discípulos angariaram diminuta porção de alimentos, antes que o Mestre a convertesse em pão para milhares.

A lição é expressiva. Não basta rogar a intervenção do céu, em favor dos outros, com frases bem-feitas, a fim de que venhamos a cumprir o nosso dever cristão.

Antes de tudo, é necessário fazer de nossa parte, quanto nos seja possível, para que o bem se realize, de modo a entrarmos em sintonia com os poderes do Bem Eterno."

***

Ou seja, cabe a nós materializarmos o socorro dos espíritos no prato de alimento, no frasco da medicação necessária, na roupa que agasalha, no sapato que protege, mas principalmente com a nossa presença que transporta a fé e a esperança em dias melhores.

Deus trabalha até hoje, como afirmou Jesus. Não é necessário que providenciemos mais obrigações para Ele, omitindo-nos no dever de servir.

"Deus te acompanhe!" – acompanhe também aquele que necessita da sua presença.

"Deus te guarde!" – ampare também aquele a quem possa auxiliar de alguma maneira.

"Deus te abençoe!" – abençoe também aquele que lhe cruza o caminho, em vez de agredir.

"Vá com Deus!" – permaneça você ao lado daquele que necessita.

"Deus te ajude!" – dispense também a parte que lhe cabe no auxílio ao necessitado.

"Fica com Deus!" – transforme a sua presença em bênçãos de otimismo.

Chega de arrumarmos tarefas para Deus para que fiquemos iludidos pensando que nada temos que fazer!

SABER PEDIR

Os ensinamentos espíritas nos lembram sempre que, além de pedir, deveríamos antes saber louvar e agradecer a Deus. Comportamo-nos como se Deus tivesse a obrigação de fazer descer todos os dias as "chuvas de bênçãos" que nos suavizam os dias aqui na Terra. Ah! Se a Justiça de Deus nos desse única e estritamente aquilo de que temos direito... Quem suportaria a cruz?

Sabendo da nossa fragilidade, a Misericórdia do Criador se faz sempre presente ao lado da sua Justiça, para que possamos suportar o fardo. Ousaria dizer até que a Misericórdia Divina antecede a sua Justiça. Só por essa realidade, que passa despercebida na correria dos dias em que nos encontramos reencarnados, já teríamos a necessidade de passar a vida louvando e agradecendo a Deus. Mas, não: somos eternos pedintes. Eternos, sim, porque quando atingirmos a perfeição e não necessitarmos pedir em socorro a nossos problemas, teremos muito o que pedir para auxiliar àqueles colocados sob a nossa responsabilidade. Dessa maneira, seremos sempre seres de mãos estendidas em direção a Ele, pedindo. Pedindo sempre.

Confesso que no início do meu contato com a doutrina

espírita, quando eu ouvia dizer que a maioria que estava de braços dados com o espiritismo era para pedir alguma coisa no temporal dos problemas que acomete as nossas vidas, eu ficava meio constrangido pelas pessoas que realmente estavam nessa situação. Passava-me a impressão de que estava sendo atirada na face do necessitado a sua necessidade de pedir. Depois fui observando que em todas as religiões, seja ela qual for, as pessoas pedem de alguma maneira. Se assistirmos determinadas transmissões de televisão de outras religiões, o povo está ali em busca de alguma coisa de que tem necessidade. Mesmo nas religiões em que não se utiliza dessa tecnologia, as pessoas frequentam o templo de sua fé pedindo por algo ou por alguém.

Da mesma forma que um pai aqui da Terra não se ofende com o pedido de um filho que tenha uma real necessidade em a sua vida, muito menos Deus se ofenderia. Aliás, foi o próprio Jesus, o maior intérprete do Criador e que nos serve de Modelo e Guia, quem lembrou o fato de que nenhum pai humano daria um pedaço de pedra ao filho que lhe pedisse um pedaço de pão. Vejamos bem: ao filho que pede aquilo que é necessário em sua vida, e não ao ato de pedir pelo supérfluo. Existe uma diferença muito grande entre uma coisa e outra. Aliás, muitos argumentam que, em realidade, nada precisamos pedir pelo simples fato de sermos velhos conhecidos de Deus, e Ele, como onisciente que é, já sabe e nos dá de antemão tudo de que necessitamos. Mas o Criador nos vê como espíritos imortais, e não como o homem passageiro e breve sobre a face da Terra.

O ato de pedir é válido porque nos leva a buscar Aquele a quem solicitamos um determinado socorro. Isso faz com que a criatura busque pelo Criador no labirinto do mundo, com as suas inúmeras armadilhas, criadas pelos desejos materiais. Se entre os espíritos superiores que reencarnam na Terra em missão de socorro há muitos que solicitam determinadas dificuldades para que permaneçam ligados a Deus, o que dirá de nós, ainda tão atrasados na trilha evolutiva?

Se concluímos, portanto, que pedir é inevitável, saibamos pedir. Um filho que intime o pai a lhe dar alguma coisa terá uma chance menor de conseguir o que deseja do que o filho que pede com humildade, sem orgulho e vaidade.

Para essa finalidade, vamos aprender com doutor Bezerra de Menezes na página "Nos serviços de cura", do livro *Paz e libertação* (Editora CEU), capítulo 5, psicografia de Chico Xavier:

"Não basta rogar ajuda para si.

É indispensável o auxílio aos outros.

Não vale a revelação de humildade na indefinida repetição dos pedidos de socorro. É preciso não reincidirmos nas faltas.

Não há grande mérito em solicitarmos perdão diariamente. É necessário desculparmos com sinceridade as ofensas alheias.

Não há segurança definitiva para nós se apenas fazemos luz na residência dos vizinhos. É imprescindível acendê-la no próprio coração.

Não nos sintamos garantidos pela certeza de ensinarmos o bem a outrem. É imperioso cultivá-lo por nossa vez.

Não é serviço completo a ministração da verdade construtiva ao próximo. Preparemos o coração para ouvi-la de outros lábios com referência às nossas próprias necessidades, sem irritações e sem revolta.

Não é integral a medicação para as vísceras enfermas. É indispensável que não haja ódio e desespero no coração.

Não adianta o auxílio de Plano Superior, quando o homem não se preocupa em retê-lo. Antes de tudo, é preciso purificar o vaso humano para que não se perca a essência divina.

Não basta suplicar a intercessão dos bons. Convençamo-nos de que a nossa renovação para o bem, com Jesus, é sagrado impositivo da vida.

Não basta restaurar simplesmente o corpo físico. É inadiável o dever de buscarmos a cura espiritual, para a Vida Eterna."

***

Desde que estejamos convencidos de que somos eternos pedintes diante de Deus, quanto antes aprendermos a pedir, tanto mais cedo conseguiremos aquilo de que necessitamos. Pela página de doutor Bezerra exposta anteriormente, parece-nos que o "sim" ou o "não" aos nossos pedidos já nasce em cada um de nós. Ou será que me engano?

A EXPLICAÇÃO DO DOUTOR BEZERRA

Existem pessoas que não possuem religião nenhuma porque julgam que dessa maneira ficam dispensadas da reforma moral que a todos nos aguarda, mais tempo, menos tempo. Raciocinam como crianças julgando não possuir compromissos com as Leis que governam a Vida pelo fato de não estarem ligadas a alguma religião existente na Terra. Justificam-se, ou creem justificar-se, alegando que não vão a nenhuma igreja ou templo religioso porque "aqueles que para aí se dirigem são hipócritas", "continuam a errar", "a ter um comportamento incoerente com sua crença". Não entendem ou não querem entender que Jesus veio para os doentes e não para os sãos. Não entendem que o homem necessita de alguma religião porque somos enfermos da alma à semelhança do doente que se dirige a um hospital vitimado por alguma enfermidade física. Se os hospitais só existissem para os sãos, eles já teriam fechado suas portas há muito tempo.

Outro artifício pelo qual pessoas que se recusam a ligar-se a um credo religioso é apontar os defeitos daqueles que assim procedem. Dizem, crendo estar cobertos de razão: "Fulano é católico, no entanto faz isso ou aquilo de errado!"; "Ciclano é espírita e faz isso ou aquilo de errado!"; "Beltrano é evangélico, mas vive fazendo isso ou aquilo de errado!". Acreditam, com essa atitude, decretar a morte das religiões. Atacam para pacificar a própria consciência. Mas é claro que toda pessoa que frequenta uma religião erra! Qual a novidade disso? Tendo ou não uma religião, somos criaturas imperfeitas! Ou será que os materialistas ou agnósticos já atingiram a perfeição apenas por não se vincularem a uma crença religiosa? Pensando nisso, encontramos uma página excelente no livro *Momentos de ouro*, de autoria do espírito Irmão X, psicografia de Chico Xavier (edição GEEM), intitulada "A diferença". Vejamos:

"A reunião alcançava a parte final. E, na organização mediúnica, Bezerra de Menezes retinha a palavra.

O benfeitor desencarnado distribuía consolações, quando um companheiro o alvejou com azedume:

– Bezerra, não concordo com tanta máscara no ambiente espírita. Estou cansado de tartufismo. Falo contra mim mesmo. Posso, acaso, dizer que sou espírita-cristão? Vejo-me fustigado por egoísmo e intolerância, avareza e ciúme; cometo desatenções e disparates; reconheço-me frequentemente caído em maledicência e cobiça; ainda não venci a desconfiança nem a propensão para ressentir-me; quando menos espero, chafurdo-me nos erros da vaidade e do orgulho; involuntariamente, articulo ofensas contra o próximo; a ambição mora comigo e, por isso, agrido os meus semelhantes com toda força de minha brutalidade; a crítica, o despeito, a maldade e a imperfeição me seguem constantemente. Posso declarar-me espírita com tantos defeitos?

O venerável orientador espiritual respondeu, sereno:

– Eu também, meu amigo, ainda estou em meio de todas essas mazelas e sou espírita-cristão...

– Como assim? – revidou o consulente agitado.

– Perfeitamente – concluiu Bezerra, sem alterar-se. – Todas essas qualidades negativas ainda me acompanham... Só existe, porém, um ponto, meu caro, que não posso esquecer. É que, antes de ser espírita-cristão, eu fazia força para correr atrás de todas elas e, agora, que sou cristão e espírita, faço força para fugir delas todas...

E, sorrindo:

– Como vê, há muita diferença."

***

Muitas vezes lançaram-me ao rosto a minha "ficha criminal moral" dos erros que cometi, perguntando de que adiantava eu me dirigir ao centro espírita se cometia tantos desacertos. No começo, confesso que isso me abatia. Aos poucos fui entendendo que vou ao centro como o doente da alma e não como um espírito redimido e exemplar. Vou ao centro porque Jesus veio para os doentes e não para os sãos. Vou sim ao centro porque, se deixar de ir, só irei piorar, e nunca melhorar.

É dessa maneira que devemos nos comportar para não fornecer munição aos espíritos interessados na nossa desistência de lutar contra nós mesmos, e nos acomodarmos no "direito" de fazer o que bem entendermos. Se lembrarmos Paulo, tudo nos é lícito, mas nem tudo convém que façamos.

Não é preciso dizer que devemos, evidentemente, procurar

melhorar para não cair na alegação de tartufismo, como disse o companheiro exaltado ao doutor Bezerra. Tartufismo significa o hipócrita ou falso religioso. Isso não devemos ser e não queremos ser, não é mesmo? Mas desistir da nossa religião, seja ela qual for, somente nos distanciará de Deus e nos aproximará dos comodistas que recusam algum vínculo religioso para continuarem a caminhar pela porta larga e fácil da existência, acreditando enganar a si mesmos e, o que é pior, ao próprio Deus.

A PAZ DE JESUS

TODOS OS HOMENS desejam a paz. Ou pelo menos a maioria, porque viver sem paz é muito difícil. Por isso mesmo buscamos por essa paz em vários tipos de religiões.

Quem é que gosta de perder a paz devido a uma doença grave? Ou, até mesmo, por uma simples dor de dente? Quem é que gosta de perder a paz por um atrito grave junto ao marido ou à esposa se o lar deve ser o lugar de repouso das lutas do dia a dia? Quem é que gosta de perder a paz em virtude de um filho que se desencaminhe apesar das orientações que procuramos passar a ele? Quem é que gosta de perder a paz devido à morte de um familiar querido? Quem é que gosta de perder a paz devido a uma dificuldade financeira séria? Quem é que gosta de perder a paz porque ficou desempregado? Podemos afirmar que ninguém, não é mesmo?

Pois então! Por isso afirmamos que as pessoas procuram nas religiões um meio de retornarem à paz. Uns vão ao centro espírita em busca da saúde que ficou temporariamente perdida. Outros, em virtude da paz do lar, que se fez ausente. Outros ainda por um filho ou uma filha que se desencaminhou pela vida. Enfim, buscamos o auxílio para retornar à tranquilidade que tínhamos e que perdemos por um dos motivos que a vida se nos apresenta.

Mas que tipo de paz buscamos? A da ausência de problemas, de dificuldades, sejam elas quais forem? Queremos, por assim dizer, um oásis na Terra? Uma viagem de turismo com tudo pago em hotel cinco estrelas? É isso que significa para nós a paz?

Vejamos o que nos ensinou nosso modelo e guia Jesus. Em João, 14:27, encontramos: "Deixo-vos a paz, a minha paz vos dou; não vo-la dou como o mundo a dá".

Observamos bem? Mas bem mesmo?

Jesus nos deixa e nos dá a paz dele, não a paz conforme os padrões do mundo! Se não entendermos essa afirmação do Mestre, poderemos nos decepcionar. Emmanuel, no livro *A semente de mostarda*, sob o título "Paz", psicografia de Chico Xavier (GEEM), nos traz uma página sobre a paz do Cristo. Vamos relembrá-la:

"Quem diz 'paz em nome do Cristo' nem sempre observa que a paz, na maioria das vezes, nasce de perigosas situações.

Pensemos em Jesus nas últimas horas do convívio com as criaturas humanas. Preso na véspera do Supremo Sacrifício, trazia o espírito preocupado ante a deserção dos discípulos; é conduzido ao cárcere, onde sofre agressões e vexames; passa a noite injuriado e açoitado pelos agentes do Sinédrio; é vestido pelos próprios verdugos, de modo que a multidão não lhe veja as feridas que eles próprios lhe abriram no transcurso da noite;

é duramente humilhado na casa de Antipas; volta ao julgamento e Pilatos, perante o público que o cobria de impropérios, coloca-o inferior a Barrabás, o criminoso; é obrigado a carregar a cruz do suplício e, quase cambaleando, ao peso do lenho, após depô-lo no chão, foi nele cruelmente crucificado.

Esse mesmo Cristo é que volta das sombras do túmulo e fala aos amigos envergonhados:

– A minha paz vos dou...

Quem estiver esperando a paz e especialmente a paz de Cristo, recorde o preço da paz obtida por ele, o Divino Mestre e Senhor, e acabará reconhecendo que a paz, muitas vezes, vem até nós, mas através das mais dolorosas e difíceis situações."

***

É que a paz de Jesus é a paz interior da consciência pacificada pelo dever cumprido. Ele mesmo passou por tudo o que os homens lançaram covardemente sobre sua pessoa, para dar cumprimento ao compromisso que tinha assumido perante Deus.

Exatamente por isso é bastante claro e enfático ao afirmar que nos deixava e nos dava sua paz, não a paz como o mundo a entende. Não é a paz de uma vida sem problemas, sem dificuldades; é nas superações dessas dificuldades, desses obstáculos, que se encontra a paz do Mestre.

Na luta interior para não reclamar, não se revoltar nos momentos difíceis, nas horas das provas ou expiações é que nos tornamos incluídos no Sermão da Montanha, na passagem em que ele afirma que os sofredores serão consolados. Os sofredores que souberem sofrer (como o Cristo o fez, sem nada dever) as dores que semearam em seu próprio caminho ou que solicitaram da Providência Divina para o devido aprendizado é que encontrarão o consolo.

Essa é a paz que a doutrina espírita pode auxiliar o necessitado a encontrar nos momentos de dificuldades maiores. A paz de Jesus é a tranquilidade interior enquanto tudo está mal fora do indivíduo. A paz do mundo existe em ambiente contrário. Está fora da pessoa. Mesmo com toda a tranquilidade exterior, por dentro pode não existir paz.

Se, entretanto, você busca a paz do mundo, percorrerá toda uma existência iludido de tê-la encontrado e só descobrirá o grande engano quando retornar ao mundo espiritual como arrendatário da vida física, a prestar contas ao Senhor da Vida do que fizemos enquanto no uniforme que utilizamos na escola da Terra.

Qual é a paz que você busca, afinal?

POR QUE SOMOS ASSIM?

Vamos fazer alguns questionamentos simples do nosso dia a dia. Por exemplo, por que temos tanta dificuldade de estender com caridade um prato de alimento àquele que nos bate à porta de nossa casa? A pessoa que pede muitas vezes já está assustada, humilhada, porque não sabe qual reação irá enfrentar. "Passe outra hora que agora não tenho nada!" "Não fiz nada para o jantar!" "Outro dia você procura!" Só que a necessidade daquele que pede é urgente para ele. A fome faz doer naquela hora ou naquele dia e não no amanhã. E, no entanto, conseguimos levantar alguma desculpa para ignorar a urgência daquele que pede.

Por que será que temos tanta dificuldade de ir visitar um enfermo prostrado no leito e temeroso por sua vida? "Ah! Hoje não dá, tenho outros compromissos!" "Está na hora do meu jornal ou da minha novela!" "Trabalhei muito hoje e estou cansado!" "Preciso conversar assunto sério com minha esposa ou com meus filhos!" "Outro dia irei fazer a visita!" E se a morte chegar primeiro que as nossas desculpas ou nossa preguiça?

Por que será que temos tanta dificuldade em visitar um lar que a morte visitou levando um ente querido daqueles que ficaram? "Vou aguardar um tempo para que eu possa ir fazer a visita mais a vontade!" "Devem estar com o coração muito dolorido para ouvir minhas palavras!" "Acho que vou mais incomodar do que auxiliar!" "Aguardarei mais um tempo até que se atenue o sofrimento dos familiares!"

Quem é movido pelo verdadeiro amor incomoda a alguém? Precisa aguardar por mais um tempo, ou sua vinda é bem-aventurada? Se funcionarmos como a medicação para a ferida daqueles que perderam um ente amado, por que aguardar pelo auxílio que podemos proporcionar?

Retornamos à pergunta do título: Por que somos assim?

Recordemos uma página de Emmanuel intitulada "Solidariedade", contida no livro *A semente de mostarda,* psicografia de Chico Xavier (GEEM). Ela nos dará a resposta à indagação acima:

"Se já dominas a ti mesmo, ampara aqueles que ainda não conseguem evitar a própria irritação.

Se te sentes com saúde, socorre o doente.

Se estás forte, auxilia aos mais fracos.

Se tens algum dinheiro, faze a doação de alguma parcela ao necessitado que espera a bênção de um pão.

Solidariedade é lei da vida.

Hoje consegues apoiar alguns; amanhã, talvez precisarás do apoio de todos."

***

Esse último parágrafo de Emmanuel responde plenamente à pergunta.

Temos dificuldade de atender aquele que nos bate à porta pedindo um prato de comida porque julgamos que nunca nos faltará o alimento.

Temos dificuldade de visitar o enfermo porque julgamos que sempre teremos a presença da saúde em nosso corpo.

Temos dificuldades de visitar o lar que a morte visitou porque julgamos que ela jamais visitará o nosso lar.

Sentimos que a nossa vez de estender as mãos em busca de algum auxílio jamais chegará. Jamais acontecerá. O que nos dá essa certeza? Por acaso somos seres especiais criados por Deus com um salvo-conduto para atravessar a existência sem nenhum tipo de problema?

Que diríamos se os espíritos superiores a quem vivemos a pedir em nossos momentos de dificuldades arrumassem as mesmas desculpas que evocamos na hora de auxiliar ao nosso próximo?

Todo aquele que coloca a existência entre os estreitos limites do berço ao túmulo torna-se indiferente para com os problemas alheios. Se tudo está bem para essa pessoa nessa única existência que ela crê existir, por que se preocupar com aquele que passa fome, que está doente, que perde um ente querido pelo fenômeno inevitável da morte? Mas quando os ensinamentos espíritas nos ampliam a Vida para múltiplas existências até que atinjamos a perfeição, não podemos descartar que os problemas que visitam nosso semelhante hoje estarão em nossas vidas amanhã. Dessa maneira somos chamados a refletir sobre a necessidade de sermos solidários para que possamos, chegada a nossa vez, encontrar também a solidariedade que nos socorra.

O Amor Divino é uma corrente que não sofre interrupção e liga-nos por toda a eternidade, convidando-nos a amar-nos uns aos outros como Jesus nos amou. E quem se entrega a essa realidade encontra sempre o tempo e a ocasião adequados para estender as mãos em direção àqueles que sofrem ao seu lado, para que possa encontrar mãos amigas em seus momentos de dificuldade, hoje ou amanhã, pela estrada da Vida imortal.

O QUE FIZESTE, AMIGO?

Emmanuel, no livro *A semente de mostarda* (GEEM), psicografia de Chico Xavier, escreveu uma página intitulada "Um dia". Creio que deveríamos tê-lo à cabeceira de nossa cama, para ser lida todos os dias, mesmo que fosse uma leitura rápida.

Nessa página, o autor espiritual nos fala, em sua primeira parte, sobre o retorno de um trabalhador dedicado, como veremos:

"Um dia, verás a ti mesmo em plano diferente.

Parecer-te-á, então, haver acordado de um sono profundo e, por isso mesmo, tudo te surpreenderá. Amigos que não vias, há muito tempo, se aproximarão de ti, estendendo-te as mãos. Perguntarás a vários deles: onde estavas que não mais te encontrei? Por que te distanciaste de mim? Todos te abraçarão, com a alegria a lhes fulgurar nos olhos. Fitarás as árvores carinhosamente podadas, formando corações que palpitarão de vida, plantas outras mostrando as frondes entrelaçadas, lembrando mãos que se tocam afetuosamente. Respirarás profundamente, reconhecendo, assim, as qualidades nutrientes do novo ambiente em que te verás..."

***

A página não termina nesse trecho. Fizemos uma parada para chamar a atenção ao fato de que esse retorno (ao mundo espiritual) deve ser o de um trabalhador no campo do Bem. Voltar e ser recebido pelos amigos em ambiente agradável como o descrito não é mérito para qualquer um, se lembrarmos que muitos vão ter ao umbral, ao qual se afinaram e se ligaram pelos atos praticados durante a vida terrena.

Será que estamos nos comportando e colecionando merecimentos para um retorno nessas condições? Fica a pergunta antes de prosseguirmos.

Continuemos:

"Naquela festa de almas, porém, um homem de olhar manso desce de um torreão brilhante e caminha na direção dele.

Em vão, o recém-chegado tenta retirar dele os olhos magnetizados pelo amor que o desconhecido irradia. Ele caminha serenamente a fixá-lo com bondade, com a familiaridade de quem o conhecia.

– Ah! – pensou o recém-vindo – decerto que este amigo me conhece, de longo tempo.

A custo, venceu a própria indecisão, e indagou do companheiro mais próximo:

– Quem é este homem que está chegando até nós?

– É o Mensageiro da Vida.

Não houve tempo para outras inquirições.

Efetivamente, aquela simpática e estranha personagem lhe

endereçou saudações fraternas e, segurando-lhe a destra, qual se nela conseguisse ler todas as minudências da sua vida, nada arguiu quanto à família a que pertencera ou à posição que exercera... Apenas pousou nele demoradamente os olhos azuis e perguntou-lhe:

– Amigo, o que fizeste?"

***

Meu amigo e minha amiga, nessa hora o ser se balança por inteiro. Não há para onde fugir, mesmo havendo motivo para a fuga. A consciência vê-se desnuda diante de uma realidade perante a qual não existe o famoso "jeitinho", perante uma realidade que não se importa com os títulos que tenhamos ostentado na Terra ou qual posição social de importância tenhamos vivido. Olhamos para trás e tudo está retido na alfândega do túmulo.

O homem de olhos azuis intensos olha em nossas mãos. Estarão elas vazias? O que responder perante a indagação doce, porém contundente: "Amigo, o que fizeste?"

Fazemos de tudo para ampliar nosso tempo no corpo físico, para viver o maior número de anos encarnados, sem atentar que quanto mais tempo viver, mais devemos prestar a devida conta. Quanto mais tempo arrendamos o corpo material, mais contas teremos a prestar perante a própria consciência, quando os profundos e perquiridores olhos azuis nos questionarem, meigos, porém firmes: "Amigo, que fizeste?"

Será que não é urgente mudarmos o tempo desse verbo "fazer"?

Não será melhor mudarmos o mais breve possível a pergunta?

Não será de muito melhor alvitre colocarmos da seguinte maneira a indagação: "Amigo, o que estás fazendo?". Se a resposta for um frio e duro "nada", ainda será tempo de nos corrigirmos.

Trazendo o tempo do verbo do passado ("fizestes") para o presente ("fazes"), ainda temos a oportunidade de mudar a nossa vida, para que o amigo de olhos azuis, ao contemplar a nossa destra do lado de lá, possa enxergar alguns investimentos no campo do Bem, por mais pequenos que eles sejam.

Qual tempo do verbo "fazer" você vai continuar preferindo para receber a pergunta daquele homem de olhos azuis?

CUIDADO COM A TOSQUIA

"Tosquiar", segundo os dicionários, significa "aparar, cortar rente, cortar as pontas, raspar".

Exposto esse sentido, vamos dialogar sobre a nossa "tosquia". Para nos introduzir no assunto, vamos transcrever uma página de Emmanuel, no livro *A semente de mostarda*, denominada "Sabedoria", psicografia de Chico Xavier (edição GEEM).

À primeira vista, tem-se a impressão de que se trata de uma página política. Aliás, de uma política sadia que deveria existir em todos os rincões do planeta. Aquela política que respeitasse o eleitor que depositou sua confiança em determinado candidato por ocasião de uma eleição.

Essa página deveria ser lida e relida por todos os dirigentes, em todos os níveis de hierarquia do poder e em todos os países do planeta Terra. No mundo de regeneração, essa página será uma realidade. Fala-nos Emmanuel que, segundo historiadores, o imperador Tibério foi aconselhado por seus assessores a aumentar impostos do povo para arrecadar mais recursos financeiros (parece que já naquela época o mecanismo era parecido com o atual). Entretanto, o imperador, numa atitude espantosa, tomou uma resolução que seria muito bem-vinda nos dias atuais. Passemos ao relato de Emmanuel:

"Os historiadores contam que Tibério, quando induzido por seus próprios assessores a aumentar a carga dos impostos para benefício do Império, terá respondido: 'Sou grato ao vosso conselho, no entanto, de minha parte devo considerar que um pastor consciente e sábio naturalmente tosquia ovelhas, mas não as degola'."

***

Vejam só que receita maravilhosa! Quem não gostaria de vê-la implantada em nosso planeta?

Mas, como Emmanuel não tinha o objetivo de fazer ou falar de política, o que será que ele quis ensinar com essa lembrança sobre Tibério?

Por exemplo: aquele ser humano que, valendo-se do dinheiro farto, passasse a humilhar seus semelhantes, a exacerbar seu orgulho, a julgar-se poderoso e espezinhar os outros, sofreria uma tosquia na sua fortuna e retornaria, numa nova reencarnação, na provação da dificuldade financeira.

Outro exemplo: alguém, seja homem ou mulher, que, portador de grande beleza física, a utilizasse para destruir lares, para semear lágrimas e sofrimentos nos corações dos seus semelhantes, a desfazer sonhos, a criar grandes desilusões, sofreria uma tosquia em sua beleza física e retornaria, numa nova reencarnação, em um corpo físico desprovido de beleza e que contivesse as lições necessárias ao seu aprendizado.

Outra situação: alguém que na posição de mando utilizasse

mal o seu poder, que fosse injusto, que subjugasse pela força e não pela razão, que tripudiasse sobre seu semelhante, julgando-se intocável, sofreria uma tosquia em seu poder temporal e retornaria, em uma nova reencarnação, numa posição humilde para aprender as lições necessárias ao seu reajustamento.

Alguém que, exibindo excelente saúde física, a utilizasse para gozar dos prazeres da vida material como se estivesse em viagem de turismo, esquecendo-se dos valores espirituais, sofreria uma tosquia em sua saúde e retornaria, em nova reencarnação, portando alguma enfermidade que não o deixasse esquecer de que a vida material, por mais longa que seja, tem um fim, e que retornaremos todos à real dimensão da existência.

Outra pessoa que tivesse a bênção de um lar harmonioso, com esposa companheira, filhos exemplares, mas que não valorizasse esse tesouro na Terra, sofreria uma tosquia nessas dádivas retornando, em nova reencarnação, sem essa bênção de um lar para poder valorizar o que teve e que não soube preservar.

E assim vamos sofrendo as tosquias necessárias para que não nos afastemos do caminho estreito da existência, procurando a saída ilusória da porta larga.

Seremos, sempre que necessário, tosquiados, mas jamais degolados, porque Deus não quer a morte do ímpio, mas sim que ele se regenere e viva.

"Juro pela minha vida, diz o senhor, que não quero a morte do ímpio, mas que ele se converta e viva" – Ezequiel, 33:11.

A BELA ESCOLA

IMAGINEMOS UM PRÉDIO muito bonito, lindo mesmo, onde funcione uma escola. Paredes recém-pintadas, chão revelando um asseio muito grande, lâmpadas funcionando a todo vapor, banheiros com extrema higiene, pátio para a recreação muito confortável, localização excepcional.

Toda essa estrutura adiantaria alguma coisa se não possuísse professores competentes?

Evidente que não, será a sua resposta. Pois então! O planeta Terra é essa escola belíssima decorada por Jesus! O Arquiteto Divino a tudo planejou nos mínimos detalhes para que aqui tivéssemos a escola de nossas almas. Nessa escola encontramos os professores que nos lecionam qualquer matéria de que tenhamos necessidade. Por isso mesmo nos deparamos com as dificuldades, com os problemas, com os obstáculos de que temos necessidade para aprender a lição necessária.

Os professores dessa escola abençoada são basicamente três, os quais organizam lições que dão combate a três inimigos da evolução: o orgulho, o egoísmo e a vaidade. A partir dessas três matérias básicas, os professores vão lecionando o que cada um de nós necessita. Se entendermos isso, fica fácil aceitar as dificuldades que nos visitam na atual jornada terrestre. Fica fácil entender e aceitar os problemas que temos de resolver para "passar de ano" na escola da Terra.

Ninguém que retorna pela bênção da reencarnação foi destinado a uma viagem de férias ou a um turismo pelo planeta. Voltamos para crescer em nossa própria consciência e perante Deus.

O doutor José Carlos De Lucca, em seu livro *Sempre melhor*, capítulo 12 (Editora Intelítera), nos ensina que "enfrentar desafios, perdas, obstáculos é inevitável a todos nós. Faz parte das provas que temos de enfrentar para atingir nosso crescimento moral e intelectual. A dor nos humaniza, torna-nos mais humildes e fraternos em relação à dor do próximo e nos ensina a valorizar as coisas essenciais da vida, às quais, na maioria das vezes, só damos valor quando perdemos".

Quando André Luiz ainda se recuperava na cidade espiritual denominada *Nosso Lar*, o enfermeiro Lísias, que o atendia todos os dias, afirma a André que: "Somos felizes, porque não nos falta trabalho". Enquanto André, como todos nós, reclamava dos seus problemas, dos sofrimentos vivenciados no umbral, Lísias apontava a solução para essas dificuldades no trabalho que podemos desenvolver em favor do próximo.

O bondoso ministro Clarêncio, que socorreu André no umbral, retirando-o daquele local após oito anos de sofrimento, diante das reclamações de seu socorrido, adverte-o de que a "lamentação denota enfermidade mental e enfermidade de curso laborioso e tratamento difícil. Disse mais: não enxergar padecimentos onde há luta edificante".

O mesmo se passa na escola da Terra quando o espírito imortal está reencarnado graças à Misericórdia de Deus. Nós nos lamentamos das lições que os professores dessa escola nos administram, mas o que adiantaria estarmos no uniforme do corpo se não enfrentássemos as lições das quais temos necessidade. Talvez preferíssemos que a escola se transformasse num hotel luxuoso de cinco estrelas e que vivêssemos aqui numa gostosa viagem de turismo. E de que adiantaria a nossa estadia aqui se assim se passasse?

Clarêncio, ao final de sua preleção a André Luiz (que reclamava), faz a ele uma dura advertência: "Se deseja permanecer nesta casa de assistência, aprenda a pensar com justeza". Essas palavras deram uma forte sacudida em André. Já pensaram se o mesmo for feito conosco mais ou menos assim: "Se deseja continuar reencarnando no planeta Terra (que caminha para o período de regeneração), aprenda a pensar com justeza". Ou seja, *aprenda a não enxergar padecimentos onde há luta edificante*.

José Carlos De Lucca, no mesmo livro citado anteriormente, no capítulo 94, assim nos ensina: "O problema nos convida a sair do lugar, chama-nos para a utilização de capacidades adormecidas pela nossa acomodação, pede-nos para ver uma determinada situação de outra maneira. A hora da dificuldade é a hora do passo acima, isto é, a hora de avançar, crescer, modificar algo em nossa vida".

Será que não queremos continuar reencarnando na escola da Terra justo agora que ela se encaminha para um período melhor? Será que preferimos ser remanejados para uma escola inferior por sermos o mau aluno que teima em não passar de ano?

Se deseja permanecer nesta casa de assistência, aprenda a pensar com justeza.

VOCÊ AMA A Deus? A resposta é rápida: "Claro que sim!".

Mas ama mesmo, ou pensa que ama? "Não", responde logo a pessoa interrogada, "eu amo a Deus!". Então, vamos fazer algumas análises.

Francisco de Assis amava verdadeiramente a Deus? Sim, Francisco amava profundamente o Criador. Amava tanto e tão verdadeiramente que em tudo o que não era obra do homem ele via nosso Pai. Por isso Francisco chamava a tudo de "irmão" ou "irmã". Irmão sol, irmão lobo, irmão fogo, e assim por diante. Francisco respeitava a tudo e a todos por amar verdadeiramente Àquele que tudo havia criado.

Baseado nesse comportamento de Francisco de Assis, voltamos a perguntar: amamos a Deus?

Contaminamos as águas dos rios que nos mitiga a sede do corpo e permite que continuemos vivos. Poluímos o ar que respiramos dando a nós mesmos o veneno que nos intoxica a vida física. Abrimos um buraco na camada de ozônio, que nos protege contra a irradiação solar. Devastamos avidamente florestas e mais florestas atrás do dinheiro, aniquilando as árvores que purificam o ar que respiramos, retirando dele o gás carbônico (CO_2) e acrescentando nele o oxigênio (O_2), essencial à nossa vida física. Agredimos com requintes de crueldade os animais, que também são criaturas de Deus e com direito a uma vida digna, porque são princípios inteligentes que sobrevivem à morte do corpo em seu longo caminho em busca da perfeição. Caminho esse, aliás, que já trilhamos há milênios, como nos informa *O Livro dos Espíritos* em sua questão de número 607. Releia a questão para tirar sua dúvida. Em relação ao ser humano, então, o noticiário diário revela nossa carga de ódio contra o nosso próximo.

Agora renovamos a pergunta que parecia tão fácil: amamos o Criador se agredimos suas criaturas e sua criação em todos os níveis? Pode alguém afirmar a um pai ou a uma mãe que a ama se maltrata a um dos seus filhos? Esse pai ou essa mãe acreditaria em nosso amor se agredimos a um dos seus filhos? E então: amamos a Deus?

Em João (4, 20-21), encontramos: "Aquele que não ama a seu irmão, a quem vê, não pode amar a Deus, a quem não vê".

Tem como fugir a essa realidade? Muita gente ainda nesse mundo de provas e expiações crê que sim, porque vive agredindo seu próximo e os demais reinos da criação, mas vai cumprir o "seu dever para com Deus", como se costuma dizer, frequentando externamente um culto religioso, seja ele qual for. Creem piamente estar, assim, quites com esse amor que dizem ter para com o Pai. Depois que saem do templo da sua fé continuam a agressão contra tudo o que é criação divina. Terão enorme e amarga surpresa ao deixarem o corpo de carne através da morte inevitável do corpo.

O Amor a tudo e a todos é a chave mestra para todos os nossos problemas. Se a chave mestra que o homem fabrica não é capaz de abrir todas as portas do mundo, a chave mestra do Amor é capaz de abrir todas as portas sem nenhuma exceção.

Ainda no excelente livro *Sempre melhor*, o doutor José Carlos De Lucca, no capítulo 16, ensina que "a maioria dos nossos problemas tem como causa a falta da manifestação do amor, seja na família, no trabalho, com os amigos e, principalmente, com nós mesmos".

Arrisco afirmar que todos os nossos problemas estão na ausência do Amor verdadeiro que nos inunde o ser, que tome conta totalmente de nossas vidas. Isso porque, enquanto existir em nós algum recanto onde o Amor não ocupe espaço, aí poderá se manifestar uma pequena fração do orgulho, da vaidade ou do egoísmo. E se uma dessas grandes imperfeições conseguir algum espaço em nós, não conseguiremos amar a Deus de maneira verdadeiramente plena.

É o próprio José Carlos quem afirma, no mesmo capítulo, que "quando amamos, nosso coração irradia beleza, harmonia e paz, e tais sentimentos são profundamente curativos para o corpo e para a alma, curando quem ama e quem é amado".

Enfatizo essa colocação final do doutor José Carlos sobre esse remédio para o corpo e para a alma. Muitas pessoas poderão perguntar: mas o que tem a ver o ato de amar com a saúde do corpo? Respondemos: absolutamente tudo!

Lembram-se de quando Jesus curava e recomendava ao enfermo não pecar mais para que não sucedesse o pior? Pois então! O dia em que soubermos verdadeiramente amar, amaremos a nós mesmos e, por amarmo-nos, não cometeremos erros que comprometam-nos como espíritos imortais.

Por sua vez, o espírito enfermo contaminará o corpo que vier a ocupar até que os desequilíbrios da alma sejam sanados. Se raciocinarmos de maneira mais extensa, entenderemos que todas as vezes que formos os agentes da dor para alguém, estaremos agendados para o devido reparo a quem ficamos a dever. Todas as vezes que violentarmos, da maneira que for, qualquer reino da Criação Divina, estaremos convocados a reparar o mal ocasionado, passe o tempo que passar.

A Lei Maior não esquece porque ela está inscrita em nossa própria consciência. Acompanha-nos inevitavelmente para onde formos, quer dentro como fora do corpo material. Por isso dissemos que o Amor é a chave mestra para todos os nossos problemas sem nenhuma exceção.

O dia em que verdadeiramente amarmos a Deus não existirá mais a guerra contra nenhum setor da Criação Divina.

Apenas uma guerra não cessará: a de nós mesmos contra nossas imperfeições, até que atinjamos a perfeição final para a qual fomos criados por Deus.

Vamos abandonar a guerra exterior para realizar o bom combate contra nossas imperfeições. É a chave mestra para todos os inúmeros problemas com os quais vivemos envolvidos.

A DOSE DE DEUS

VOCÊ, ALGUMA VEZ, já contemplou pessoas com comportamentos em desajuste perante as Leis da Vida, mas que vivem sem grandes problemas?

Nessas horas não vem aquela pergunta lá do nosso interior: por que essas pessoas parecem sempre bem-sucedidas mesmo vivendo em desacordo com as Leis Maiores da existência?

Por que, para as pessoas que agem com desonestidade, ou que são indiferentes aos problemas e à dor alheia, a vida parece lhes sorrir, enquanto nós que procuramos nos comprometer o mínimo perante a própria consciência vivemos às voltas com dificuldades?

Muitas vezes, grandes problemas repontam em nossa existência. Estaria Deus sendo injusto? Estaria a Justiça Perfeita cometendo algum deslize? Evidentemente que não. Se assim acontecesse, a perfeição estaria comprometida, não é mesmo?

Muitas pessoas sentem-se esquecidas pela Divindade exatamente quando enfrentam as grandes lutas da existência. O que se passa nessas ocasiões é exatamente o contrário do que pensamos. Aqueles que vivem desregradamente e têm uma vida de facilidades não estão fugindo ou burlando as Leis de Deus.

Apenas não se acham preparadas para receberem as "promissórias" da Vida para poderem quitar o débito que livremente contraem perante a Consciência Cósmica.

Aqueles que sofrem é porque já estão fortalecidos para dar início ao pagamento do débito antes contraído. Não estão esquecidos pela Providência Divina. Acontece exatamente o contrário. Deus, que tudo sabe, detecta exatamente o instante na vida do espírito imortal em que ele começa a ter forças para dar início às visitas das promissórias que estão no Banco da Vida.

Diante desse raciocínio, muitas pessoas argumentam que, então, é melhor sermos esquecidos por Deus do que lembrados para o devido pagamento. Isso depende de como encaramos a nossa imortalidade. Para aqueles que creem que suas vidas têm início no berço e se encerra na escuridão de um túmulo, a resposta é positiva, ou seja, é melhor sermos esquecidos. Entretanto, para todos os que acreditam que não começamos no berço e nem acabaremos em um túmulo, mas, muito pelo contrário, continuaremos a recolher os frutos de nossa semeadura onde quer que estejamos, é sempre melhor começarmos a quitar o que devemos, para mais rapidamente podermos atingir os mundos melhores e mais felizes, onde verdadeiramente poderemos ser bem-aventurados.

O doutor José Carlos De Lucca, em seu livro *Sempre melhor* (Intelítera), capítulo 27, faz a seguinte colocação: "Os problemas que nos atingem estão apenas querendo quebrar as ilusões deturpadas que fizemos a nosso respeito, sobretudo a ilusão de que somos fracos, incompetentes, doentes e sem merecimento para uma vida de realizações positivas. Quando solucionamos uma dificuldade, mostramos a nós mesmos que somos maiores do que julgávamos ser".

Essa é uma visão otimista muito importante para quem deseja vencer-se vencendo os obstáculos que a vida se nos apresenta. Não sofremos porque somos fracos, mas porque já temos a força necessária para vencer as dificuldades que nos visitam. Sendo Deus a sabedoria infinita, sabe exatamente o peso que conseguimos suportar nos ombros. Jamais nos enviaria alguma promissória que não conseguíssemos quitar. Não disse Jesus que nenhum pai humano dá uma pedra a um filho que pede um pedaço de pão? Portanto, muito menos Deus agiria assim, explica Jesus.

Os problemas nos visitam na intensidade de nossas forças, e não para nos arrasar ou nos derrotar. Ou acreditamos nisso ou não acreditamos que Deus seja o Pai a quem Jesus se referiu tantas vezes enquanto esteve entre nós.

Será que os grandes vultos do cristianismo que deixaram para todos nós um rastro de luz a ser seguido estariam brilhando até hoje se não tivessem enfrentado problemas, se tivessem tido uma vida fácil aqui na Terra?

Todos sabemos das muitas dificuldades que Chico Xavier enfrentou enquanto encarnado. Dificuldades em seu corpo material. Dificuldades que pululavam em torno dele para que nos deixasse os inúmeros exemplos de como devemos agir e reagir.

Divaldo seria essa enciclopédia de exemplos que ecoarão pelos tempos afora, caso tivesse uma vida fácil materialmente falando? Se tivesse sido envolvido em uma armadura de luz pelos espíritos superiores? Ou foi exatamente no enfrentamento de dificuldades que ele conseguiu se transformar para todos os espíritas num roteiro seguro de como devemos nos comportar?

O mesmo poderíamos falar sobre todos os vultos que iluminaram as noites escuras das consciências comprometidas com o erro na Terra, com as ilusões do mundo.

A cada um segundo as suas obras, ensinou-nos Jesus. Essa é a dose de Deus para cada criatura consciente do Universo sem fim.

A dose de Deus é a promissória que já temos condições de pagar. Podemos até pendurá-la em um grampo do esquecimento, através da fuga causada pela revolta diante dos problemas da vida. Entretanto, essa promissória assumida de livre e espontânea vontade, ficará aguardando no "banco" da nossa consciência, acrescida de "juros e correção" monetária.

É a dose de Deus para que possamos atingir a perfeição para a qual Ele nos criou um dia...

UMBRAL: SIM OU NÃO?

No meio espírita, muita gente tem medo do umbral, e isso é compreensível. Se aqui na Terra, quando encarnados, não suportamos uma dor de dente, procurando logo o dentista para resolver o mais rápido possível o problema, já imaginaram passar anos em região de sofrimentos intensos, embora passageiros? Pois então, vai daí que o espírita, pelo menos uma parte deles, temem (e bastante) essas regiões de sofrimento após a desencarnação.

Baseado nessa realidade, lemos interessante artigo na revista *O Reformador* do mês de maio de 2014, sob o título "Perdoe-se", assinado pelo confrade José Passini. Relata esse autor que uma senhora praticou o aborto. Ainda não era espírita nessa ocasião. Talvez orientada pela espiritualidade amiga, foi conduzida ao encontro das bênçãos do espiritismo e tomou consciência do crime cometido. Movida pelo arrependimento e sentimento de autopunição, ofereceu-se para trabalhar na faxina de um centro espírita que começou a frequentar. Entretanto, para sua surpresa, foi convidada pelos dirigentes espirituais daquela casa a trabalhar com a evangelização infantil. Como?!

Trabalhar junto às crianças, justo ela que havia cometido um aborto?!

Além disso, temia profundamente a ideia ou a possibilidade de, após a desencarnação, ir ter ao umbral pelo crime cometido. Foi orientada em suas angústias no seguinte sentido: ao trabalhar com as crianças, talvez ela encontrasse entre elas o espírito que abortara e que agora receberia através dela as orientações espirituais para uma nova vida. Oportunidade notável de reparar o erro ou parte dele. Quanto ao umbral, que não se preocupasse porque já demonstrava, ainda na mesma reencarnação em que cometera o aborto, um arrependimento tão sincero, que se entregara ao trabalho de reparação nessa mesma existência.

Só vão para o umbral aqueles que persistem no erro; aqueles que, praticando o mal, não se arrependem e insistem nessa conduta. Se a pessoa rouba uma vida inteira, é necessário que vá parar nas regiões necessárias à sua meditação e arrependimento após a morte física. Se a pessoa pratica crimes uma existência inteira, é necessário que vá para o umbral, onde terá o tempo necessário para tomar consciência da conduta desequilibrada e se abrir ao arrependimento, quando, então, será dali retirada.

Aquele que errou, mas procurou sair do caminho do erro na mesma existência, a Misericórdia de Deus o encaminhará para o devido tratamento nas estâncias espirituais a isso destinadas, para que continue no caminho da regeneração. Para que deter no umbral um espírito sinceramente arrependido e desejoso de modificar-se?

Há mais de dois mil e quinhentos anos, o profeta Ezequiel já afirmava que Deus não queria a morte do ímpio, mas sim que ele se regenerasse e vivesse.

Na parábola do filho pródigo, o pai se alegra e apoia o filho que estava desviado do caminho e retorna ao lar. Ora, se um pai aqui da Terra, cheio de imperfeições como somos, comemora a volta de um filho para o bom caminho, quanto mais não se alegrará e apoiará Deus, o Pai perfeito, a um filho que retorne para o caminho do acerto, para a vivência do bem?

Você acha que Deus, em sua infinita Misericórdia, não vai conduzir o espírito verdadeiramente arrependido, e que já colocou as mãos no trabalho útil, para um local de tratamento no mundo espiritual? Você acha que Deus se regozijará em deixá-lo no umbral?

O objetivo dessas regiões de sofrimento é conduzir o espírito em erro à reflexão e ao arrependimento. Se isso já foi alcançado com esse espírito ainda encarnado, agora é só dar prosseguimento a suas reais boas intenções, e não condená-lo a uma região de trevas, mesmo que temporárias.

As equipes espirituais de socorro que velam pelas regiões de sofrimento, identificando um espírito mergulhado no arrependimento sincero, não o retiram daí? Pois então: se esse espírito se arrepende ainda quando encarnado e busca reparar o erro estando no corpo físico, por que ao desencarnar iria ter no umbral? Não existe nesse raciocínio um contrassenso evidente?

Só vai para o umbral quem insiste em viver no umbral durante toda uma encarnação. E o que é insistir em viver no umbral ainda quando encarnado? É exatamente persistir no erro, sem demonstrar nenhum arrependimento durante toda a existência na Terra.

Conclusão importante é que podemos, a partir do momento em que optarmos pelo Bem, adquirir nossa livre passagem pelas regiões umbralinas. Desejamos desencarnar como o filho pródigo da passagem descrita por Jesus, ou deixaremos o nosso Pai a esperar por nós enquanto estagiamos nas regiões de sofrimento necessário ao despertar de cada um da sombra para a luz?

DEUS ERRA?

VOCÊ DEVE ESTAR pensando que o autor dessa página está em desequilíbrio mental por algum motivo. Até dou razão a esse pensamento, mas insisto na pergunta: Deus erra? É evidente que não! Isso é impossível.

Então, estamos de pleno acordo. Deus, sendo absolutamente perfeito, jamais cometeria um erro. O Universo que é criado constantemente por Ele é um testemunho dessa perfeição. Cientistas materialistas, por que não conseguem colocar o Criador em seus laboratórios, duvidam d'Ele, como se o imperfeito pudesse ajuizar sobre o absolutamente perfeito. Como se a criatura pudesse interpelar o Criador.

Na perfeição da Natureza, se nos detivéssemos para contemplá-la, encontraríamos a perfeição do Criador. Deus, absoluta e definitivamente, não erra.

Você, com todo o direito, estará pensando: então, por que a pergunta desta página? Porque muitas vezes o ser humano age e reage como se Deus tivesse errado com ele.

A pessoa que está passando por uma situação muito difícil, ao blasfemar contra os acontecimentos, é como se estivesse afirmando que Deus errou com ela. Como estou passando por essa dificuldade financeira?! Mas o que foi que eu fiz?! Por que essa doença atormenta meus dias?! Que fiz para Deus? Que erro cometi para ter um marido como esse, ou uma mulher como essa para esposa?! Por que não tenho filhos que sejam pessoas de bem, ao invés desses filhos que atormentam meus dias aqui na Terra?! Por que tenho como pai ou como mãe esse homem ou essa mulher?! Por que não consigo melhorar de vida? Por que não consigo um emprego melhor? Por que não consigo ter a minha casa e tenho que pagar o aluguel por uma vida toda?!

Esses protestos contra determinados fatos da nossa vida representam um protesto contra os desígnios Divinos. É como se admitíssemos que Deus estivesse errando conosco! Se você concorda que Ele não erra, precisamos reformular nosso posicionamento quando as dificuldades repontarem em nossa existência.

Entretanto, para todos aqueles que creem em Deus e por isso mesmo não têm nenhuma dúvida de que o Criador jamais erra, o momento de maior prova é quando a terrível ideia do suicídio nasce dentro do ser. Não existe maior prova de que não acreditamos que Deus não erra. O suicida é um ser extremamente infeliz que acha que pode anular o projeto Divino da sua própria existência. Sabemos que isso é impossível. Só o suicida, no momento de extremo desequilíbrio, não sabe disso. Consumando o ato lamentável do suicídio, ele tenta passar, em vão, o atestado de que Deus errou com ele e, por isso, tenta acabar com o próprio ser como se isso fosse possível. Somente ao constatar dolorosamente que continua vivo em outra dimensão da existência é que vai se encontrar com a maior decepção da sua vida, ao constatar que não morreu.

Se, portanto, acreditamos realmente que Deus não erra, em nenhuma situação, mas em nenhuma mesmo, podemos alimentar a ideia de que as dificuldades que estamos enfrentando sejam fruto de um erro do Criador para conosco.

O doutor José Carlos De Lucca, no seu livro *Sempre melhor*, capítulo 29 (Editora Intelítera), faz a seguinte afirmação: "Vamos nos enxergar como Deus nos vê. Ele sabe que nós não somos os nossos erros. Posso ter me equivocado muitas vezes, cometido os maiores deslizes do mundo, mas Deus continua me vendo como um diamante de grande valor, ainda que momentaneamente encoberto pela lama dos meus erros".

Eis aí o segredo revelado por esse grande autor e orador espírita: precisamos nos enxergar como Deus nos vê! O Criador nada criou para o fracasso. Não existe uma única coisa na obra da Criação que tenha sido feita para não dar certo. Pelo contrário, toda obra da sua Criação tem uma finalidade positiva, para frente, que deseja o progresso de tudo e de todos. Mesmo quando as aparências demonstrem o contrário. O grande problema é não nos vermos como Deus nos vê.

A nossa visão sobre nós mesmos vem da miopia de nos enxergarmos nos estreitos limites que demandam do berço ao túmulo. Quando apreciamos os acontecimentos nesse pequenino espaço de uma existência apenas, somos convidados ao desânimo, convidados a acreditar que Deus tenha errado quando alguma coisa muito grave surge em nossas vidas. Até mesmo nos pequenos contratempos. A partir do momento em que conseguirmos nos ver como o Criador nos enxerga, tudo se modifica e adquirimos a certeza de que Ele jamais erra, jamais errou e jamais errará.

Por isso, dessas linhas em diante, desse momento para frente, se você concorda comigo que Deus não erra, todas as vezes que a revolta tentar desequilibrar-nos, lembraremos de que Deus não erra e tudo está certo, mesmo que, na aparência, pareça estar errado.

E então, Deus tem errado com você?

FELICIDADE: O QUE É ISSO?

TIVE A INSPIRAÇÃO de escrever essa página após uma greve do metrô na cidade de São Paulo. No primeiro dia após a greve, as pessoas entrevistadas pelos vários canais de televisão tinham um rosto feliz, uma feição de paz estampada em um largo sorriso. Finalmente poderiam ir trabalhar em paz e ganhar o pão de cada dia após a paralisação que tumultuara seu dia a dia. Para esses milhares de homens e mulheres, felicidade, naquele dia, era ter a condução necessária.

É fácil assim conceituar o que seja felicidade?

Você se lembra do ditado popular que afirma o seguinte: "Cada cabeça, uma sentença"? Lembra-se? Pois então: felicidade, em cada cabeça, para cada ocasião em que a pessoa esteja vivendo, tem uma definição. Por isso mesmo, conceituar o que seja essa tal de felicidade não é fácil.

Por exemplo: para aquele que está preso, felicidade será a liberdade. Para o doente, a felicidade é a volta ao estado de saúde. Para o que não tem uma casa onde morar, felicidade será a aquisição de um imóvel. A compra de um carro zero quilômetro representará a felicidade para muitos.

E por falar em carro novo, lembramos de um fato ocorrido

com Chico Xavier. Determinada ocasião ele ganhou um fusca novinho, zero quilômetro. Se lembrarmos que em meados do século XX o fusca era um carro cobiçado, o veículo poderia ter representado a felicidade para o médium mineiro.

Entretanto, Chico não titubeou. Não podia devolver o veículo que já estava com os documentos em seu nome. Procurou, então, um comerciante que vendia produtos alimentícios e propôs-lhe um negócio imediatamente aceito: o comerciante ficava com o carro zero em troca de mantimentos para as pessoas carentes que o Chico assistia. Carro novo não era motivo de felicidade para ele.

Outras pessoas ficam felizes quando são aprovadas num concurso para o qual estudaram muito. Outras ficam felizes quando o time de futebol para o qual torcem com paixão ganha um jogo, um campeonato, uma copa do mundo.

Mas como definir essa tal de felicidade tão procurada, tão perseguida, tão desejada?

Vamos citar um trecho do livro *Sempre melhor*, do doutor José Carlos De Lucca, capítulo 30 (Intelítera): "Onde, pois, encontrar a felicidade? Ela não está fora de você, não é um carro, uma casa, um emprego, uma pessoa. A felicidade é o produto de um estado de consciência que brota da satisfação de nos sentirmos realizados perante a vida. O homem se realiza quando emprega com sabedoria todos os potenciais de sua alma, fazendo aquilo que está de acordo com sua natureza. Em palavras muito simples e resumidas, o ser humano é feliz quando coloca alegria em tudo aquilo que faz. E a alegria é um dos melhores tônicos para a saúde".

Se você ainda está em dúvida de como conceituar a felicidade, eis aí a ajuda de Joanna de Ângelis no livro *O ser consciente*, psicografia de Divaldo, capítulo 9 (Editora Leal): "Quem coloque a felicidade como sendo a conquista de títulos e triunfos mundanos, destaque social e poder, desfrutar de privilégios e dinheiro, não saiu da periferia imediatista dos prazeres sensuais, que respondem pela competividade e pelo desequilíbrio da emoção.

Jesus definiu com segurança o conceito pleno de felicidade, no conteúdo do pensamento 'meu reino não é deste mundo', tendo em vista a impermanência da vida física, a transitoriedade do ser existencial, terrestre, em constante transformação, no seu contínuo vir-a-ser".

Só vou dar mais uma ajuda no conceito de felicidade. Aliás, não sou eu quem vai dar, mas sim o Chico, no livro *Lições de sabedoria*, de autoria da doutora Marlene Nobre (Editora FE): "Dizem os Amigos Espirituais que a iniciação da verdadeira felicidade está em fazer os outros felizes. Em doar alegria e paz, bom ânimo e segurança ao próximo, encontramos a fonte de energia que nos fará constantemente motivados para a sustentação da felicidade para nós mesmos".

Agora vou fazer uma pergunta a você baseada no que o Chico acabou de nos ensinar: você tem sabido fazer o que é preciso para ser feliz?

Não precisa responder. Pode virar a página.

VOCÊ FAZ PROMESSAS?

Você é de fazer "promessas"? Promessa, evidentemente, no sentido de "negociar" com Deus?

É claro que não, você estará pensando automaticamente. Mas, se você não nasceu em um lar espírita, é difícil que nunca tenha feito uma "promessinha" ou que não tenha notícia de alguém que já fez, é ou não é verdade?

Evidentemente que, como espíritas, sabemos que com o Criador não há acordos, não existe esse tipo de comportamento, de prometer para receber. Claro que não. Pedimos, contudo, sua licença para abordar o assunto em pauta baseado em uma excelente página do doutor José Carlos De Lucca, novamente no livro *Sempre melhor*, capítulo 34 (Intelítera).

Diz ele: "Quantas vezes barganhamos com Deus um determinado benefício com a promessa de que, uma vez alcançada a graça, vamos nos tornar pessoas boas, caridosas e sem vícios?".

Nós, espíritas, não fazemos as chamadas "promessas", mas têm horas que pensamos nelas escondidos em nosso interior. Isso pode até acontecer. Vamos ver?

"Se os espíritos amigos ajudarem a reconquistar a minha saúde que se foi, vou cuidar-me melhor."

"Se os espíritos amigos auxiliarem a colocar juízo na cabeça desse ou daquele filho ou filha, vou dar mais atenção para que não se desencaminhem novamente."

"Se os espíritos amigos ajudarem a encontrar um emprego melhor, vou fazer de tudo para não perdê-lo."

"Se os espíritos amigos auxiliarem na conquista de uma casa própria para não pagar mais aluguel, vou zelar com o maior carinho por esse imóvel, transformando-o num verdadeiro lar espírita, até mesmo com o culto do Evangelho no Lar!"

E vai por aí adiante...

Retornemos ao livro do doutor José Carlos, no mesmo capítulo acima citado: "Não seria o caso de invertermos esse processo, tornando-nos, desde já, pessoas boas, caridosas e sem vícios? Pois é a partir dessa mudança de atitude que os nossos problemas começam a ser resolvidos".

Sem nenhuma dúvida! Se entrarmos em um banco aqui na Terra e formos pedir um empréstimo sem lastro, sem retaguarda, sem garantia para esse empréstimo, como ficará nossa situação? Podemos até obtê-lo, mas com um caminhão de exigências, porque o banco não corre riscos, não é verdade?

Se, pelo contrário, tivermos um bom cadastro, uma boa garantia, tudo fica mais fácil. (Até tem gente que afirma que banco oferece dinheiro para quem não precisa! Não sei se é verdade, mas é uma visão que determinadas pessoas possuem...)

Ora, no Banco da Providência Divina ocorreria o contrário? Se você tem dúvidas, releia o livro *Nosso Lar* e veja o que André Luiz nos revela acerca de possuir méritos para poder pedir algo aos planos maiores da Vida. Reveja a interpretação do bônus-hora e a pergunta estará respondida.

Precisamos sim possuir créditos para pedir às esferas maiores. Por isso a colocação do doutor José Carlos é perfeita. Se invertermos a situação, ou seja, se tratarmos de nos modificar para melhor antes de pedir através das chamadas "promessas", tudo ficará mais fácil de ser obtido.

Jesus disse que se pedíssemos, obteríamos. Que se batêssemos, se nos abriria. Que buscássemos e acharíamos. Entretanto, em que condições? Aí reside o segredo revelado pela página em apreço.

Vejamos como ela continua: "Quando mudamos nossa atitude para melhor, mudamos a nossa energia para melhor, e, a partir daí, tudo começa a melhorar em nossa vida. Portanto, somos nós que desencadeamos o processo de criação de uma vida melhor, através de um conjunto de atitudes melhores. Não é mais possível conceber que simples promessas, orações ou rituais irão melhorar nossa vida, sem que melhoremos o padrão das nossas atitudes".

Por isso tudo que foi explicado é que o espírita não faz promessas, a não ser a de combater suas imperfeições para poder ser, cada vez mais, credor da confiança e auxílio dos espíritos amigos que nos amparam em nome de Deus.

EM CIMA DO MURO

Enquanto encarnados, em muitas ocasiões temos a atitude de ficar "em cima do muro", como se costuma dizer. É o caso da pessoa que não toma nem uma posição nem outra diante de determinadas situações que a vida lhe apresenta. "Não foi isso que eu disse." "Muito pelo contrário." "Creio que não é bem assim." "Vou pensar sobre o assunto." Frases que procuram descomprometer o chamado "mureteiro". Entretanto, se é possível esse posicionamento perante os homens, embora não seja recomendável, diante das Leis Universais isso não é possível e, da mesma forma, não é aconselhável.

Essa tomada de consciência é muito importante diante da realidade que existe no mundo material ou espiritual. Duas polaridades: o bem e o mal. Não é possível ficar entre os dois. Aliás, Jesus já nos advertia que não poderíamos servir a Deus e aos interesses materiais. Ou estamos do lado do bem, ou estamos agindo no campo do mal, porque a omissão também é lamentável. Não é possível ser "mureteiro".

Como afirmam os físicos, quando uma borboleta movimenta suas asas, as montanhas estremecem, porque tudo está inapelavelmente interligado. Não é possível uma posição neutra entre o bem e o mal.

Como nos ensina a questão de número 642 de *O Livro dos Espíritos,* quando Kardec pergunta se bastará não fazer o mal para ser agradável a Deus e assegurar uma boa posição futura, a resposta é muito clara: "Não, é preciso fazer o bem no limite de nossas forças, porque cada um responderá por todo mal que resulte do bem que não haja feito". Chamamos a sua atenção para o final da resposta: *cada um responderá por todo o mal que resulte do bem que não haja feito*!

Se você entendeu esse fato de que não é possível deixar-se ficar numa posição intermediária entre o bem e o mal, façamos uma pausa para meditar em página do livro *Sempre melhor*, do doutor José Carlos De Lucca, quando esse consagrado escritor nos faz as seguintes ponderações (Editora Intelítera, capítulo 43): "A palavra que exalta o mal contamina nós mesmos, produzindo o mal em nossos passos. Quando falo mal de alguém ou de uma situação qualquer, eu entro em contato com aquela energia negativa e acabo me contaminando por ela. Da mesma forma, quando falo de alguém, quando exalto as qualidades boas de uma situação, eu também me coloco em contato com aquela energia boa e por ela sou envolvido".

Acredito que nesses ensinamentos está também contida a realidade de que não é possível ficar em cima do muro. Ou optamos por falar bem das coisas e das pessoas, enxergando o ângulo construtivo e mergulhando na energia positiva que nos fortalecerá, ou escolhemos o mau falatório, a maledicência, que nos banhará com energias negativas que dificultarão nossa jornada evolutiva na atual reencarnação. Quando nos afinamos com o mal, somos semelhantes a uma pessoa que caminha com dificuldade através de um pantanal, onde os passos são lentos e exigem um grande esforço para sair do lugar. Acredito que, quando mergulhamos no bem, já exercitamos a levitação característica dos espíritos evoluídos, mesmo estando ainda mergulhados em um grosseiro veículo de matéria densa. Ficamos de alma mais leve e passamos essa densidade menor para o corpo físico.

Alberto de Almeida, em seu livro *Pais e filhos – fortalecendo vínculos*, capítulo 2 (Editora Jardim Oliveiras), utiliza a expressão "*quando o pirilampo cintila a estrela responde*" para representar a interação inevitável entre tudo e todos.

Em sendo assim, ou estamos de mãos dadas com o bem ou lamentavelmente ligados ao mal que a Vida nos apresenta. Ficar em um imaginário corredor entre essas duas realidades não é possível, porque não é suficiente não fazer o mal. Cada um responderá pelo mal que resulte do bem não praticado.

Vamos descer desse aparente "muro" em que muitas vezes nos posicionamos? Ah, é claro: descer do lado do bem, evidentemente!

Se precisar de uma escada, utilize os ensinamentos dos espíritos superiores.

O QUE VOCÊ PREFERE: CARMA OU LEI DE CAUSA E EFEITO?

ATÉ PROVA EM contrário, Allan Kardec nunca empregou o termo "carma" em doutrina espírita. O conceito de carma, que é uma palavra sânscrita (*karma*), faz parte da crença de religiões orientais antigas, tais como o budismo, o hinduísmo e o jainismo.

Por que interroguei no título dessa página se você prefere o carma ou a lei de causa e efeito? Pelos motivos que vou explicitar.

O carma, no conceito das religiões citadas, é inexorável, ou seja, ele irá acontecer de qualquer maneira. Não é possível modificá-lo. Já a lei de causa e efeito é passível de modificações. Alguns autores espíritas acreditam que a dor com caráter expiatório é passível de modificações que sejam capazes de abrandá-la. Já a dor-provação não encontra essa possibilidade, segundo esses mesmos autores, porque é portadora de lições que o espírito aceitou quando desencarnado, compreendendo que delas precisava para o seu crescimento. Ao refugar a dor-provação, o espírito agiria como o aluno que não aceita os ensinamentos de que tem necessidade para aperfeiçoar seu aprendizado.

Prefiro pensar de maneira diferente partindo da definição de Deus segundo João, quando ele afirma que Deus é Amor. E ao Amor, tudo é possível, sem que a Justiça seja maculada.

Para explicitar mais a minha maneira de pensar, vou valer-me de outro ensinamento do doutor José Carlos De Lucca em seu livro *Sempre melhor,* onde encontramos o seguinte (capítulo 44, Editora Intelítera):

"A Justiça Divina tem várias maneiras de promover o restabelecimento da harmonia, diante das situações em que nosso orgulho falou mais alto do que o amor. Tudo depende de nossa predisposição em admitir nosso equívoco e corrigi-lo tão logo possível.

Dor, sofrimento e culpa são expedientes desnecessários quando o amor toma conta de nossas atitudes e faz com que o mal de ontem se dissolva no bem de agora.

Perdão, tolerância, amor e caridade não são apenas virtudes inertes no caminho daquele que aspira à ascensão espiritual, são, antes de tudo, verdadeiros advogados de nossas causas perdidas perante os tribunais do além, impedindo que o martelo de nosso carma caia inteiramente sobre nós.

Isso é misericórdia."

Não era isso que Pedro afirmou ao dizer que o Amor cobre a multidão dos pecados? O que você acha? Não seria isso que Jesus queria ensinar na parábola do filho pródigo?

Como pais extremamente imperfeitos aqui na Terra, não concedemos ao filho realmente desejoso de reabilitar-se, novas oportunidades, sem a rigidez do "olho por olho, dente por dente"?

Não se trata do perdão gratuito, que realmente não existe, mas de novas oportunidades para que o caído se reerga. E esse trabalho de reerguer-se pode ser imensamente facilitado quando a alavanca utilizada for representada pelo trabalho no campo do Amor em favor daquele que necessita mais.

A bênção do esquecimento proporcionada pela reencarnação não teria esse objetivo? Permitir que reiniciemos tarefas mal executadas e que pesam em nossas consciências sem o acréscimo da lembrança dessas faltas? Que mal haveria se nos dedicássemos a esse trabalho apoiando-nos no serviço do Amor em favor do semelhante? Em que a Justiça perfeita seria maculada se quitássemos algumas parcelas pelo trabalho através do amor ao próximo? Se o ser humano aplica o deságio quando nos propomos a adiantar o pagamento de alguma conta, por que Deus não aplicaria uma espécie de redução dos "juros" da conta que devemos no Banco da Providência Divina quando nos propomos a amar além da cota que se espera?

Como seria extremamente doloroso e difícil caso a colheita da semeadura realizada não fosse possível de ser modificada!

Se a lei de causa e efeito tivesse a rigidez do carma, teríamos ombros suficientemente fortes para suportar o "acerto de contas" perante a própria consciência?

Caso fosse você o devedor, qual seria sua opção: a rigidez do carma ou a maleabilidade da colheita quando realizada com a cota de Amor que saibamos estender em direção àqueles que dele necessitam?

LEMBRANÇAS

O ATO DE lembrar, em sua opinião, é bom ou ruim?

Depende, não é isso?

Se forem lembranças boas... Mas se forem ruins!...

Então, façamos uma coisa: vamos juntos relembrar algumas coisas.

Por exemplo: quantas coisas boas nossos pés nos fazem, não é mesmo? Os pés nos levam ao local do trabalho; nos levam ao hospital quando precisamos visitar alguém ou cuidar de nossa saúde; nos levam até um local agradável como um teatro, um campo de futebol, a um baile, visitar um amigo a quem queremos bem; os pés nos levam a um bom passeio de bicicleta; nos permitem dirigir um carro; realizar uma viagem de férias etc. Mas quando é que nos lembramos de nossos pés? Quando nos lembramos que eles nos permitem fazer tantas coisas? Raramente ou quase nunca, não é mesmo? Ah! Mas na hora em que um calo dói ou damos uma topada em algum objeto e a dor vem, nos lembramos imediatamente de nossos pés – através da dor.

Vejamos outro exemplo de lembrança. Nossos dentes trabalham duro para mastigar o alimento nosso de cada dia. Na boca é que se inicia o processo de digestão do que comemos para manter a vida física. E lá estão os dentes quietinhos trabalhando no café da manhã, no almoço, na janta, no churrasco de fim de semana, no restaurante diante de uma refeição mais esmerada, na degustação de um bom pedaço de doce. Como trabalham esses nossos dentes, não é? Mas nos lembramos deles? (Às vezes até esquecemos de fazer uma boa higiene nesses trabalhadores...) Ah! Mas quando um único dente começa a ter problema em seus canais... Deus nos acuda! É, parece que nos lembramos dos dentes apenas quando um deles fica doente e nos incomoda, com aquela dor teimosa que nos leva a procurar o dentista o mais rápido possível.

Nosso carro. Quantas coisas esse carro nos permite fazer! Leva-nos a tantos lugares debaixo de chuva ou de sol, não é mesmo? Precisamos ir a um supermercado e lá está ele, o nosso carro, sempre à nossa disposição. Precisamos ir ao trabalho e lá está ele nos aguardando. Precisamos viajar e lá vai o nosso serviçal trabalhando sem reclamar. Mas quando é que nos lembramos do carro? Quando está perfeitinho na nossa garagem para nos levar onde bem entendemos, ou quando está na oficina? Quando ficamos sem carro, é exatamente quando mais nos lembramos de nosso veículo, pela falta que ele nos faz!

Agora vou fazer uma pergunta mais séria: quando é que nos lembramos da nossa saúde? Quando estamos jogando bola com os amigos? Na academia, malhando para ter um corpo "sarado"? Quando podemos comer de tudo sem que nada atrapalhe nossa digestão? Quando os exames médicos de rotina nada acusam de anormal? Ou será que nos lembramos com saudade da nossa saúde quando a doença chega, trazendo-nos preocupações, incertezas, dúvidas?

Vejamos o que nos ensina o doutor José Carlos De Lucca, em seu mesmo livro *Sempre melhor*, capítulo 45 (Intelítera): "Precisamos adoecer para tornar ao equilíbrio e valorizar a saúde e a própria existência. As enfermidades são mensageiras da vida a serviço da própria vida, têm a missão de restaurar nosso equilíbrio para evitar exatamente a morte. Se você não adoecesse, jamais perceberia os próprios desequilíbrios e não teria meios de corrigi-los".

Viram só que beleza?! A doença é a mensageira da vida porque nos coloca em ação para reconquistarmos a saúde perdida.

Retornamos agora à pergunta do início: o ato de lembrar é bom ou ruim? Depende. Se a lembrança for promovida pela dor, não será boa. Só que não precisamos lembrar apenas através desse aviso. Basta observarmos as bênçãos da Providência Divina que todos os dias se derramam em nosso favor, que ficaremos atentos para o muito que já temos e para o pouco que não temos e que não nos faz falta. Para poder agradecer ao Criador, quanta coisa trabalha em nosso favor!

Vamos fazer parte dessa equipe que colabora em silêncio conosco todos os instantes, ou será que necessitaremos ser lembrados pela dor ou pela falta daquilo que perdemos?

O EMPRÉSTIMO

MUITAS VEZES TORNA-SE fácil entendermos as Leis que regem o Universo utilizando pequenos exemplos do nosso dia a dia aqui da Terra.

Vou fazer-lhe uma pergunta. Ou melhor, vou apresentar a você duas situações hipotéticas e, depois, faço a pergunta.

Imagine que um proprietário de mil alqueires de terra vá pedir um empréstimo em um determinado banco.

Imagine, em seguida, um pequeno sitiante, dono de 4 a 5 alqueires de terra, indo ao mesmo banco pedir um empréstimo para utilizá-lo em sua propriedade.

Agora faço a pergunta: para qual dos dois você acha que o empréstimo será fornecido mais facilmente?

Lógico! Concordo com você caso tenha indicado o grande proprietário, o senhor de mil alqueires de terra. Concordamos? Então, sigamos em frente.

Para isso farei a citação de um trecho muito interessante contido no livro *Vinde a mim*, pelo espírito Irmão José, psicografia de Baccelli, capítulo 23, intitulado "A prece da atitude" (Didier Editora):

“Sempre que possível, em vez de orar de mãos postas, em respeitosa atitude de reverência ao Criador, faze-as orar por ti através do trabalho na caridade, porque as tuas mãos estendidas, já espontaneamente espalmadas na entrega desse ou daquele óbolo a quem dele carece, estarão aptas e receptivas para receberem, de volta, a dádiva de que também necessitas.

Quem se coloca de joelhos e ora a Deus, quase sempre, alimenta a esperança de que o socorro divino venha até onde ele se encontra. Mas quem se levanta e, a fim de socorrê-los, caminha na direção dos mais carentes está caminhando para o seu encontro mais rápido com o socorro de Deus.

Quando não recebe o aval da atitude nobre, a mais bela oração verbalizada pode simplesmente não passar de harmoniosa nota a integrar a Sinfonia da Criação, que, se é transcendente música para os ouvidos, não atende a quem tem fome de pão.”

***

Do exposto, podemos fazer a seguinte comparação: aquele que ora através do trabalho em favor do que necessita representa o dono de muitos alqueires de terra que entra no banco para pedir um empréstimo. Convence o gerente rapidamente e entra na posse do dinheiro necessário de forma mais rápida e fácil.

Já aquele que ora de mãos postas, mas distante do socorro possível de ser levado em favor do necessitado, sem produzir no campo do bem ao semelhante, é parecido com o proprietário de poucos alqueires de terra, que suará muito para obter o empréstimo que está a reivindicar do gerente de um estabelecimento bancário.

É assim que se passa no Banco da Providência Divina. Nada mais justo que aquele que tenha um saldo de trabalho no campo do Bem tenha maior facilidade de obter o socorro de que necessita no momento mais grave da existência. Aquele que ora através do serviço ao seu semelhante vai efetuando pequenos depósitos em seu saldo credor, para ser sacado no momento da dificuldade maior.

Da mesma forma, aquele que pouco tem de saldo na conta de sua própria vida no Banco da Providência Divina, porque orou da maneira mais cômoda e improdutiva, ficando de mãos postas e à distância do trabalho que poderia ter realizado, deve entender a dificuldade maior que terá para obter o atendimento às suas necessidades.

Caso você tivesse que pedir um empréstimo ao Banco da Vida no atual momento da sua existência, como estaria o seu saldo?

Você tem orado de mãos postas ou com as mãos sobre o arado do trabalho em favor do Amor, que procura o necessitado para socorrer?

Sua prece nasce e circula ao redor dos seus lábios, ou sua prece é feita através de suas mãos que se exercitam no trabalho que ampara os aflitos que enxameiam a estrada da existência?

Você sairia do Banco da Providência Divina com o seu pedido atendido por ter crédito para sacar, ou o seu saldo se encontra muito pequeno porque sua oração apenas nasce e morre em torno dos seus lábios, por mais belas que sejam as palavras pronunciadas?

PARA ONDE VOCÊ OLHA?

Em *O Evangelho segundo o Espiritismo*, capítulo IX, que nos fala acerca dos que são brandos e pacíficos, um espírito amigo (que assim mesmo se intitula) coloca a seguinte reflexão: "A vida é difícil, eu o sei; ela se compõe de mil nadas que são picadas de alfinetes que acabam por ferir; mas é preciso considerar os deveres que nos são impostos, as consolações e as compensações que temos por outro lado, e, então, veremos que as bênçãos são mais numerosas que as dores. O fardo parece menos pesado quando se olha para o alto do que quando se curva a fronte para o chão".

Chamo a sua atenção para a última frase: *o fardo parece menos pesado quando se olha para o alto, do que quando se curva para o chão.*

Você tem alguma ideia de por que o fardo seria mais leve para quem olha para o alto do que para quem olha para o chão?

A visão para baixo é a visão do deprimido, daquele que acha que tudo está perdido, que não existe mais razão para lutar, que não dispõe de meios ou de forças para obter aquilo de que tem necessidade. É a visão daqueles que só encontram razão para a existência no estreito limite entre o berço e o túmulo, um espaço de tempo muito curto. Extremamente curto. Pergunte para uma pessoa idosa se a velhice demorou a chegar ou se ela se instalou repentinamente. Se você se colocar nesse espaço tão pequeno de tempo, viverá olhando para baixo, porque não vislumbra um horizonte a ser atingido. Essa passagem rápida por uma vida que se inicia vacilante no berço e encontra vários obstáculos em sua jornada leva a pessoa a viver olhando para baixo e a lamentar por não dispor da força e do tempo necessário para vencer. É a pessoa que vive olhando para baixo com um fardo muito pesado sobre os ombros, para os quais, cada vez mais, parece impossível suportar a carga a ser transportada.

De maneira oposta, aqueles que olham para cima são os que sabem estar em trânsito pelo mundo, por mais curta que seja a sua permanência; entendem que a eternidade se lhes abre ao caminhar, com possibilidades sem fim; essa perspectiva torna seus fardos, por mais pesados que sejam, possíveis de ser carregados e resolvidos durante o caminhar.

São aqueles que olham para cima, para a eternidade. É a visão da pessoa que sabe que não é do mundo, embora esteja no mundo. Olha para cima como se dissesse: por maiores que sejam os obstáculos, os sofrimentos, hoje estou aqui, mas amanhã estarei lá, vitorioso nas esferas espirituais que circundam o planeta Terra, ou qualquer outra região do Universo sem fim, já que Deus quer assim. Para isso fui criado um dia por esse Ser que confia em seus filhos, obra-prima da Sua Criação. Quem olha para cima encontra razão para lutar. É a visão do otimista. Daquele que sabe que vai vencer e realmente vence. Para os que conseguem enxergar a vida desse jeito, o fardo que transportam fica mais leve, pela certeza de que este irá se diluindo à medida que os obstáculos são enfrentados.

Atentemos para um trecho do livro *Vinde a mim*, sob o título "O fardo", capítulo 31, psicografia de Baccelli, ditado pelo Irmão José (Editora Didier):

"Não nos iludamos, portanto, imaginando que a Terra seja um oásis de paz, onde o espírito encarnado possa viver sem lutar. Mesmo o reino vegetal e o animal estão constantemente empenhados em ferrenha batalha pela sobrevivência, que enseja ao princípio espiritual oportunidade de evoluir.

Contudo, quando verticalizamos a visão e deixamos de nos fixar nos horizontes estreitos do entendimento, adquirimos muito mais vasta compreensão do angustiante problema do sofrimento.

Quem não consegue levantar os olhos para tudo enxergar além das aparências e da transitoriedade em que os fenômenos de dor se manifestam, não consegue vislumbrar o objetivo superior com que, a fim de avançar, todas as coisas e todos os seres são fustigados.

Quando, porém, num golpe de visão, logramos contemplar a grandeza do futuro a que estamos destinados, todas as aflições que, no presente, nos preparam para alcançá-lo, assemelham-se a querelas que somente adquirem valor à exata medida em que as valorizamos com as nossas queixas e lamentos.

É a dor que nos ensina a excelência do amor.

Fujamos, assim, de interpretar as provações como algo que,

embora devamos evitar a todo custo, não nos convém maldizer quando chegam, porque a verdade é que, enquanto não soubermos abençoá-las, elas haverão de permanecer conosco cumprindo o seu papel."

***

De tudo o que foi exposto, é preciso avaliarmos para onde temos olhado quando o sofrimento nos visita, como a colheita inevitável daquilo que semeamos no solo da Vida, ou como lições de que temos a necessidade em nosso crescimento.

Para onde você tem olhado: para cima ou para baixo?

– AFINAL, POR que sofremos? – foi a pergunta da professora que evangelizava adolescentes espíritas.

– A resposta está em *O Evangelho segundo o Espiritismo*, professora – disse um dos jovens que participava intensamente da aula.

– Muito bem, Armando. Faça-nos o favor de ler um trecho do *Evangelho*, em seu capítulo V, que resuma as causas do sofrimento.

– Com prazer, professora – levantou-se, tomou orgulhosamente o exemplar do livro nas mãos e iniciou a leitura: – Entretanto, em virtude do axioma de que todo efeito tem uma causa, essas misérias são efeitos que devem ter uma causa e, desde que se admita um Deus justo, essa causa deve ser justa. Ora, a causa precedendo sempre o efeito, uma vez que não está na vida atual, deve ser anterior a ela, quer dizer, pertencer a uma existência precedente. Por outro lado, Deus não podendo punir pelo bem que se fez, nem pelo mal que não se fez, se somos punidos, é porque fizemos o mal; se não fizemos o mal nesta vida, o fizemos numa outra. É uma alternativa da qual é impossível escapar, e na qual a lógica diz de que lado está a justiça de Deus – e arrematou a leitura, completando: – *O Evangelho segundo o Espiritismo*, capítulo V, tópico "Causas anteriores das aflições".

– Muito bem, Armando. Alegra-me que soube localizar a explicação no Evangelho – incentivou a professora. – Entretanto – continuou ela –, você acha que Deus, sendo Amor, teria criado a todos nós, espíritos imortais, voltados apenas para o sofrimento? Ou seja: sofremos por erros cometidos em outras existências ou por erros cometidos na vida atual?

Armando ficou pensativo. A professora, para não deixá-lo em situação embaraçosa perante os colegas, prosseguiu os esclarecimentos:

– Inclusive, se entendermos a palavra "punição" como educação, ou seja, Deus nos educa e não nos pune, esse entendimento fica mais compatível com o Amor que Ele representa.

– Mas, então, por que no *Evangelho* está a palavra "punição"? – perguntou Armando.

– Porque, no século XIX, a ideia que ainda se alimentava sobre Deus era a de que Ele punia, castigava seus filhos que erravam. Um Pai perfeito como Ele não se sentiria feliz e nem teria criado seres imortais, como nós, para que fôssemos castigados ou punidos, mas sim educados para a perfeição. Essa é a ideia que representa dignamente o Criador. Kardec, dentro do bom-senso que o caracterizava, compreendia que a doutrina dos espíritos trazia ideias grandemente renovadoras sobre a realidade do espírito, sobre a comunicação de além-túmulo, as desigualdades da vida, a reencarnação, as provas sobre a sobrevivência do espírito, e dosou as informações para que não alterassem radicalmente a realidade até então aceita. Talvez por isso manteve o termo "punição", com o sentido de que recolhemos da vida as lições de que necessitamos para sermos educados por Deus, mas jamais castigados. O aluno que se submete às provas na escola, na faculdade de sua escolha, não está sendo punido, mas sim incorporando conhecimentos. O mesmo se passa nas provas da vida. Não estamos sendo punidos, mas educados por Deus.

A professora deu uma pausa e retornou ao assunto:

– Vamos voltar à pergunta inicial: por que sofremos? Quer comentar alguma coisa, Armando? Ou alguém gostaria de dar a sua opinião sobre o sofrimento?

– Concordamos com o Armando, professora – foi a colocação unânime de todos os presentes na aula de evangelização da mocidade espírita.

– Vamos compreender juntos a resposta à pergunta sobre as razões do sofrimento – colocou a professora, disposta. – Primeiramente, tenhamos sempre em mente que o sofrimento visa o crescimento do espírito e nunca a sua punição ou castigo. Ficando isso bem claro, vamos prosseguir. A lei de causa e efeito ou da semeadura e colheita nos traz o fruto daquilo que plantamos no solo da vida. Sempre com a finalidade de nos ensinar a crescer, a sermos melhores, nunca a de punir.

Fez uma pausa e perguntou:

– Alguém pode dar um exemplo de sofrimento vinculado a um erro do passado? A uma expiação?

Armando que era o mais disposto a falar, comentou:

– Receber como filhos os companheiros que desencaminhamos em outras vidas.

– Sim. É um exemplo bem claro, Armando. Podemos receber na vida presente, como filhos, os companheiros que, de alguma maneira, desrespeitamos no passado, para que reparemos o mal livremente praticado. Vamos a outra pergunta. Alguém pode dar exemplo de uma dor-expiação que se relacione à conduta equivocada na existência atual?

Lucília, uma aluna que compunha a turma da evangelização, se manifestou:

– Uma pessoa que fume muito na vida atual e adquira um enfisema pulmonar que lhe trará graves sofrimentos nessa mesma existência, professora. Ou uma pessoa que se entregue à bebida alcoólica e desenvolva uma cirrose hepática com os seus problemas.

– Muito bem, Lucília! – incentivou a professora. – Com seus exemplos, podemos entender que a colheita do erro se faz na mesma existência, não necessitando esperar por outras vidas.

Aguardou mais um pouco e perguntou, para incentivar a participação dos jovens:

– E a dor-provação? A dor que não tem vínculo com alguma falta do passado? Alguém pode explicar?

– É a dor que traz algum aprendizado que o espírito necessita para crescer, sem ter ligação com um mal praticado, professora – foi a vez de Henrique dar a sua opinião para o grupo.

– Isso mesmo, Henrique. A dor-provação traz algum aprendizado para enriquecer o espírito e promover seu crescimento ainda mais. Como sabemos, a determinação de Deus é que prossigamos rumo à perfeição, para a qual Ele nos criou. A dor-provação já elimina a ideia de castigo ou punição divina, mas é oportunidade renovada para crescermos sempre para Ele.

– E os animais, por que sofrem professora? Não têm consciência! E o sofrimento deles é bastante visível no mundo atual – comentou dessa vez Carlos, que era mais um componente do grupo.

– Muito bem observado, Carlos. Os animais que não possuem ainda a razão, não estão inscritos na lei de semeadura e colheita, entretanto, como você frisou, sofrem, e muito! Neles, a dor pode ser interpretada como a dor-evolução, ou seja, aquela que vai incorporando (no princípio inteligente existente nos animais, como bem nos esclarece *O Livro dos Espíritos* nas questões de números 597, 601 e 602) os aprendizados que conduzem nossos irmãos menores ao crescimento também. Nenhum ser da obra da criação fica esquecido por Deus. Deu para entender isso? Recomendo que releiam essas perguntas em casa. Se houver dúvidas, tragam para discutirmos na próxima aula. Ficamos combinados assim?

Um uníssono "sim" foi a resposta de todos.

– Existe uma causa de sofrimento que o ser humano cria para si mesmo na existência atual e que nos é lembrada pelo espírito Irmão José, no livro *Vinde a mim*, psicografia de Carlos Baccelli, no capítulo 18 – voltou a ensinar a professora. – Vou ler um trecho para vocês: "Incalculável a percentagem de quantos, não sabendo administrar as suas ambições, suportam amarguras que, noutras circunstâncias, absolutamente não haveriam de afetá-los. Ninguém, por exemplo, conseguiria enumerar numa lista os nomes daqueles que, movidos pela inveja do sucesso alheio, vivem sem conhecer um instante sequer de paz. Milhares os que, todos os dias, exacerbam terríveis complexos de inferioridade, unicamente porque não sabem se valorizar na condição em que se encontram renascidos, com a capacidade de se superarem na realização de verdadeiros prodígios. Se todos os homens compreendessem que, em sua atual encarnação, foram aquinhoados pela Vida com o melhor – porque a mais, por enquanto, ainda não fizeram jus –, não teríamos as multidões que passam a depender de medicamentos que possam fazer por elas o que, em verdade, nunca poderão fazer. Não soframos desnecessariamente por aquilo que ainda não somos, ou não possuímos, porquanto todas as lágrimas que vertemos motivadas por isso não lograrão mudar o panorama de nossa realidade interior, em um só de seus muitos e intrincados detalhes».

– E quanta gente não sofre assim, não é professora? – comentou Orlando, mais um dos alunos do grupo de evangelização, que cada vez mais a professora conseguia incentivar a participar da discussão.

– Sim, Orlando. Deus nos criou para sermos felizes. O autor da infelicidade é o próprio homem. Aprendemos nos ensinamentos de Irmão José mais essa causa do sofrimento humano: o inconformismo com os fatos da existência. A não aceitação da vida como ela é. Não é desistência da luta. Não!

É lutar sem se revoltar com os fatos que não conseguimos mudar. É diferente. Quando ocorre essa inconformidade, vem o sofrimento que poderia ser evitado. A parte mais importante, a meu ver, está no final da mensagem, quando ele nos ensina que, por maior que seja a revolta diante dos fatos da vida, não conseguimos modificar o nosso estado íntimo que gera o sofrimento. Quantas pessoas não remoem o passado que não pode mais ser modificado? Quantos lamentos pelo que se fez e que já não pode mais ser modificado? Quantos arrependimentos que são trazidos do ontem para estragar o hoje da pessoa? Essa se constitui, então, mais uma causa que podemos anotar no que "por que sofremos".

A paciente professora esperou um pouco e acrescentou:

– Esse assunto é muito complexo e importante. Voltaremos a ele em outras aulas.

***

Ah! Antes que me esqueça e a história fique incompleta, deixarei anotado o nome dessa paciente e querida professora desses alunos abençoados pelos ensinamentos da doutrina espírita. Ela se chamava Boavontade! Em seu centro espírita, existem muitas professoras com esse nome?

COMO VOCÊ TEM SE ALIMENTADO?

Com o progresso que caracteriza hoje a medicina, sabemos que o desequilíbrio alimentar faz muito mal à saúde do corpo físico.

Por exemplo: quem é que desconhece que comer com muito sal faz mal porque sobrecarrega os rins, os quais terão que trabalhar muito para colocar o excesso de sal para fora do corpo? O excesso desse elemento sobrecarrega a pressão, elevando-a e causando o risco de um infarto do miocárdio ou de um derrame, também conhecido como acidente vascular cerebral.

Sabemos também, com a evolução da medicina, que o excesso de gorduras faz mal ao organismo porque vai se depositando nos vasos do corpo, entupindo esses vasos por onde circula o sangue, como a gordura que escorre pela pia de nossa casa encharca a caixa de gordura, que precisa ser limpa de vez em quando. A diferença é que nossos vasos, artérias principalmente, não podem ser limpas através de um mecanismo semelhante ao de nossa residência. Quando entopem, levam ao infarto do miocárdio ou ao derrame cerebral.

O mesmo poderíamos relacionar sobre outros alimentos ou substâncias nocivas que são introduzidas em nosso corpo através da boca, tais como o cigarro e as bebidas alcoólicas.

Vejamos uma passagem de *O Evangelho segundo o Espiritismo*, capítulo VIII, item 8:

"Hipócritas, Isaías bem profetizou de vós quando disse: Este povo me honra com os lábios, mas seu coração está longe de mim; e é em vão que me honram ensinando máximas e ordenações humanas.

Depois, tendo chamado o povo, ele lhe disse: Escutai e compreendei bem isto: Não é o que entra na boca que enlameia o homem, mas o que sai da boca do homem. O que sai da boca parte do coração, e é o que torna o homem impuro; porque é do coração que partem os maus pensamentos, os homicídios, os adultérios, as fornicações, os furtos, os falsos testemunhos, as blasfêmias e as maledicências; estão aí as coisas que tornam o homem impuro; mas comer sem ter lavado as mãos não é o que torna um homem impuro."

Jesus criticava os escribas e fariseus que tinham acusado os discípulos dele de violarem a tradição dos Antigos não lavando as mãos quando tomavam suas refeições. É evidente que lavar as mãos é uma atitude de higiene importante, mas que não está acima de tomar os cuidados para não contaminar a alma da pessoa. Os escribas e fariseus valorizavam as atitudes exteriores por serem mais fáceis de serem executadas do que a vigilância interior.

Hoje sabemos que o que entra pela boca faz mal ao homem

dependendo do que for ingerido e da quantidade ingerida. Jesus desconhecia esse fato? Evidente que não. Era um espírito que havia atingido a perfeição e isso não lhe era desconhecido, mas ele quis valorizar os sentimentos que estavam por dentro de cada pessoa, por isso a referência ao que saía da boca ser mais importante do que aquilo que entrava por ela. Além disso, Jesus veio para curar o espírito imortal e não o corpo físico que, mais cedo ou mais tarde, caminha inevitavelmente para a morte.

O espiritismo nos ensina como o corpo é importante! É a nossa ferramenta de trabalho. Por isso, devemos cuidar, e muito, dessa importante ferramenta. Entretanto, o corpo tem uma duração limitada. Começa a envelhecer tão logo nascemos aqui na Terra. Precisamos investir na saúde física, mas nunca nos esquecermos da saúde do espírito!

Assim como determinados alimentos fazem mal ao corpo, determinados "alimentos" fazem muito mal a nós como espíritos imortais. O alimento que agride o corpo entra pela boca. E aquilo que contamina o espírito, entra por onde? Convido você a ler uma página do livro *Sempre melhor*, do doutor José Carlos De Lucca, capítulo 49 (Editora Intelítera):

"As células do nosso organismo se alimentam do mesmo teor dos nossos pensamentos. Tudo o que se passa na mente se passa no corpo. Você não é apenas o que come, é também o que pensa.

Basta constatar como as lembranças tristes e amargas nos trazem sensações físicas desagradáveis. O corpo sente o que a mente pensa constantemente. Selecione seus pensamentos tanto quanto você seleciona os alimentos que leva à boca. Os bons pensamentos geram boas sensações corporais, isto quer dizer que o corpo aprovou nosso modo de pensar.

Procure pensar naquilo que você deseja que aconteça em seu caminho. Se quiser se curar, pense na saúde e não na enfermidade. Um bom olhar, aquele capaz de trazer luz ao corpo, significa um olhar de positividade, de fé, de alegria, de total confiança de que o bem em nossa mente faz entrar o bem em nossa vida."

***

Viram só que beleza de página?! Com ela podemos compreender perfeitamente como entra para todos nós o alimento do espírito: pelo pensamento. Com ele sintonizamos com as faixas nobres da vida ou com as faixas inferiores e nocivas dessa mesma vida.

COMO ESTÁ A SUA CONTA?

Nos referimos à conta bancária mesmo. Vejamos por quê. Quando você compra alguma coisa necessária para sua alimentação, para sua moradia, para sua saúde, quando compra roupas para o dia a dia, como tem pago? Em dinheiro ou com o cartão? De débito ou de crédito? Pouco importa, porque se você paga é porque tem o dinheiro necessário para fazer frente às suas despesas, não é mesmo?

Se o dinheiro existe é porque você trabalha, ou trabalhou para obter a aposentadoria que provê suas necessidades financeiras. Deixe-me fazer uma pergunta: caso você não trabalhasse, alguém chegaria no banco onde você tem a sua conta bancária e depositaria gratuitamente uma quantia para que você tivesse com que se sustentar? É evidente que não. Então, o crédito que você possui e com o qual pode pagar o que deve é fruto do seu trabalho.

Se isso está bem claro e definitivo, vamos a uma outra pergunta um pouco mais complicada: como está o seu crédito no banco da Providência Divina? "Ah!" – dirão muitos – "mas lá não é preciso a moeda da Terra!" Concordo plenamente. Só tem um detalhe que não convém esquecer: diante das Leis de Deus, nada nos é dado gratuitamente. Tudo é conquistado.

Para quem ainda tem dúvidas, releia o capítulo sobre o bônus-hora no livro *Nosso Lar*, de André Luiz. Além disso, Jesus deixou bem claro que a cada um seria dado segundo as suas obras. De tal forma que precisamos ter "fundos" também no banco celeste, para podermos sacar na hora da dificuldade.

Assim como ninguém irá depositar gratuitamente dinheiro em sua conta no banco dos homens para você pagar suas contas, ninguém o fará no banco da Providência Divina para que tenha o que sacar nos momentos de necessidade. Temos que conquistar os créditos para tê-los na hora da dificuldade. E assim se passa não é porque Deus não nos ama, mas sim para que sejamos os reais proprietários das nossas conquistas, advindas de nossos esforços, de nossas lutas, sendo os verdadeiros vencedores sobre nós mesmos.

O doutor José Carlos De Lucca, no seu excelente livro *Sempre melhor* (Intelítera), escreve uma página bastante esclarecedora sobre isso, capítulo 62:

"Quando temos um problema financeiro ou um gasto qualquer, sacamos da conta corrente o dinheiro necessário para fazer suprir nossas necessidades. E para as nossas carências espirituais, de onde tiramos os recursos? Da conta aberta no banco do Céu. Mas o quanto temos investido nela?

Na conta celestial se depositam perdão, caridade, amor, benevolência para com o próximo, sorrisos, abraços, alegria, amizade e tantas outras "moedas" que tornam a vida mais feliz, não apenas a nossa, mas também a vida daqueles que, de alguma forma, cruzam o nosso caminho.

Invariavelmente, porém, nossa conta celestial está zerada por falta de investimentos, e nada teremos para sacar na hora em que alguma crise nos surpreender."

Essa é, infelizmente, uma realidade dolorosa. Absorvidos em atender aos problemas materiais, nos esquecemos de que somos espíritos imortais que precisam ter "fundos" no banco da Providência Divina.

Quanta gente não detém milhões e milhões no banco dos homens e é extremamente pobre no banco de Deus? Você é capaz de imaginar a imensa fortuna que Chico Xavier tinha em sua última "conta"? Divaldo Pereira Franco? Madre Teresa de Calcutá? E tantos outros? São espíritos milionários no Banco de Deus.

É evidente que precisamos fazer frente às despesas do mundo sem nos esquecermos, entretanto, de que o banco da Terra aqui ficará e o Banco de Deus estará a nos aguardar na dimensão real e infinita da Vida que não cessa.

Estamos preparados para sacar alguma coisa nesse banco ou teremos que esperar novas oportunidades de trabalho no campo do bem ao semelhante para conseguirmos pequeninos depósitos que até hoje não fizemos, por estarmos extremamente preocupados com o banco do mundo?

Já leu que o dinheiro não compra a felicidade? O dinheiro guardado no banco dos homens realmente não compra, mas os créditos depositados no banco da Providência Divina compram, porque nos conferem a paz da consciência pacificada pelo dever cumprido diante das Leis imortais, que dão a cada um segundo suas obras. Essa moeda não pode ser comprada no câmbio negro e nem no câmbio oficial dos valores estabelecidos pelo homem mortal e passageiro deste lado da vida.

Vamos abrir uma "poupança" no Banco da Providência o quanto antes?

REENCARNANDO CADA MANHÃ

NA ÉPOCA DE Jesus existiam os doutores da Lei. Eram homens que conheciam profundamente os ensinamentos contidos nos cinco livros cuja autoria era atribuída a Moisés: Deuteronômio, Êxodus, Levítico, Números e Gênesis.

Você é capaz de "num estalo" citar dois doutores da Lei que ficaram famosos, muito famosos?

Acertou! Saulo de Tarso, judeu de nascimento, tinha tanto conhecimento que recebeu de Roma o título de cidadão romano. Foi terrível perseguidor dos cristãos por julgar que eles não respeitavam a Moisés. Estêvão foi o primeiro mártir do cristianismo, exatamente pelas mãos de Saulo.

Entretanto, após o encontro com Jesus na estrada de Damasco, Saulo passou a um dos maiores divulgadores dos ensinamentos do Mestre, com o nome de Paulo de Tarso.

Outro doutor da Lei que, tenho certeza, foi lembrado por você é Nicodemos. Sim. Quem poderia esquecê-lo? Já idoso quando Jesus viveu em um corpo físico, Nicodemos sabia que esperava a chegada da morte física, mais dia, menos dia. Como era um homem inteligente, procurou Jesus na calada da noite para obter informações de como poderia entrar no reino dos céus. Aliás, quem não deseja o mesmo?

Diante da indagação daquele homem que era considerado um doutor da Lei, Jesus fez a seguinte interrogação: "Que! Sois mestre em Israel e ignorais essas coisas?". É que Nicodemos se espantara e não compreendera o que significava "nascer de novo" para poder entrar no reino dos céus. Não entendia como um homem adulto e velho como ele poderia voltar ao ventre materno para nascer de novo.

Mas esse renascer fazia parte dos conhecimentos dos judeus. Não fosse assim, os discípulos de Jesus não teriam dito que o povo acreditava que Jesus fosse Elias ou Jeremias, ou um dos antigos profetas, que havia voltado.

Ora, como doutor da Lei, Nicodemos devia saber desse ensinamento.

Da mesma forma, Jesus confirmou o princípio da reencarnação quando perguntado onde estaria Elias, que os antigos anunciavam que voltaria. João Batista, afirmou o Mestre aos seus Apóstolos, fora a reencarnação do profeta Elias, que eles não reconheceram, mas fizeram com ele o que a maldade humana da época permitia. Como sabemos, João Batista foi decapitado e sua cabeça exibida em uma bandeja.

Mas vamos voltar ao começo, como se diz. É preciso nascer de novo! O mesmo espírito, tomando corpos físicos diferentes. Foram palavras de Jesus: "Em verdade, em verdade vos digo: Se um homem não renascer da água e do espírito, não pode entrar no reino de Deus. O que é nascido da carne é carne, e o que é nascido do espírito é espírito. Não vos espanteis do que eu vos disse, que é preciso que nasçais de novo".

Como não existe um novo caminho, você está disposto a nascer de novo para entrar no reino de Deus? E para isso vai esperar por uma nova reencarnação? Que tal renascer ainda nessa? Impossível? Será?

Então, vejamos: quando o corpo físico adormece para o devido repouso, o espírito afrouxa os laços que o prendem a esse corpo e vai em busca de planos espirituais com os quais se afina. Podemos considerar que ocorre durante o sono uma desencarnação parcial, porque, se fosse completa, ocorreria a morte. Quando esse corpo desperta pela manhã, o espírito retoma plenamente sua moradia. Podemos considerar que se trata de uma reencarnação parcial daquele espírito que estava ausente e retomou o seu veículo novamente. Muitas pessoas não retornam pela manhã. Desencarnam enquanto o corpo dorme. É uma bênção despertar em um novo dia no mesmo corpo. Desse modo, temos a oportunidade de acordar com novos propósitos, com novos planos de melhoria interior, sem a necessidade de ocorrer a morte do corpo para podermos voltar. A cada manhã temos a oportunidade de uma nova espécie de reencarnação, com todas as oportunidades para modificarmo-nos para o bem se realmente quisermos entrar no reino dos céus, a exemplo de Nicodemos.

Doutor José Carlos De Lucca, em seu excepcional livro *Sempre melhor*, capítulo 65 (Intelítera), assim se expressa: "Precisamos aprender a 'nascer de novo' a cada dia, deixando para trás o que nos machucou e construindo no novo dia experiências felizes, como se a nossa vida estivesse nascendo naquele momento e nos fosse possível começar tudo de novo".

Perceberam que colocação excelente do doutor José Carlos? Quando abrimos nossos olhos e contemplamos a luz do sol, estamos de volta ao corpo para poder aproveitar bem as novas oportunidades que aquele dia vai nos oferecer. É uma pequena reencarnação que pode ser muito grande se optarmos pela reforma íntima, pela mudança de vida.

Quantas vezes já não acordamos reclamando dos problemas que teremos no novo dia? Quantas vezes não saímos mal-humorados para o trabalho? Quantas vezes não nos irritamos no trânsito? Quantas vezes não discutimos no serviço? Quantas vezes não reclamamos do almoço, da roupa que vestimos, dos filhos, da esposa, do marido, da empregada doméstica que nos serve no lar?

Pois é! Se estamos dispostos a colocar em prática o ensinamento de Jesus a Nicodemos, cada manhã que temos de vida no corpo material representa uma pequena reencarnação, onde podemos fazer o que necessário for para também entrar no reino de Deus.

Vamos reencarnar a partir de amanhã bem cedo?

AS SANDÁLIAS DE SÓCRATES

Um dos homens mais inteligentes que passaram pelo nosso planeta, foi o filósofo Sócrates. Tão grande importância exerceu no campo da filosofia que dividiu esse ramo do conhecimento humano em antes de Sócrates – os filósofos pré-socráticos – e depois dele.

Sua vida simples contrastava com sua inteligência descomunal. Possuía apenas duas túnicas: usava uma enquanto a outra era enviada para a devida limpeza.

Andava descalço pelas ruas de Atenas. Nessa capital, ocorria uma espécie de feira-livre onde eram expostos variados produtos para venda. Sócrates gostava de ir até o local onde se vendiam sandálias. O vendedor, sabendo (como todos sabiam) que Sócrates andava descalço, não conseguia entender o motivo pelo qual ele comparecia em todas as ocasiões para experimentar diversos tipos de sandálias. Até que um dia o vendedor interrogou-o por que experimentava esse tipo de calçado se andava descalço. O filósofo tranquilamente respondeu que assim procedia para verificar tudo quanto já não precisava mais para viver.

Fato semelhante passou-se com Mahatma Gandhi em visita a determinada cidade. No aeroporto, enquanto aguardava seu voo, parou em uma espécie de barraca e ficou a admirar diversos objetos. Seus anfitriões se entusiasmaram pela demonstração de interesse de Mahatma nesses objetos e ofereceram-lhe para que escolhesse o que quisesse como presente. Gandhi sorriu tranquilo e respondeu que não desejava nada do que ali estava: apenas contemplava tudo aquilo que já não precisava mais para viver.

Uma outra história conhecida no meio espírita é aquela que nos fala sobre um homem considerado possuidor de grande sabedoria. Sua fama atraía diversas pessoas que iam visitá-lo para aprender alguma coisa de seus conhecimentos. Determinada ocasião, um turista resolveu procurá-lo para observar de perto como seria aquele homem tão famoso pelo seu saber. Colocou uma mochila nas costas e partiu do seu país rumo ao local muito distante onde o sábio morava.

Adentrando a morada daquele homem observou que não existia nenhuma mobília, nenhum utensílio que caracteriza as moradias comuns de qualquer mortal. O visitante ficou decepcionado. Como poderia aquele homem considerado tão sábio viver praticamente sem nada?!

Quando estava diante da figura famosa sentada sobre um tapete muito rústico, perguntou ao sábio onde estavam as coisas de sua morada. O homem olhou o visitante de cima abaixo, sorriu discretamente e inverteu a pergunta: "E onde estão as suas coisas?" O visitante, em viagem de turismo, que levava apenas uma mochila nas costas, prontamente respondeu: "Mas eu estou aqui de passagem!".

Diante dessa resposta já esperada pelo sábio, este arrematou seu ensinamento: "Eu também estou aqui de passagem!".

Esse talvez seja um dos grandes problemas da maioria da humanidade: ainda não nos conscientizamos de que somos espíritos imortais que, temporariamente, temos um corpo físico, e não um corpo físico que por obra do acaso dispõe de um acessório a quem denominamos de "alma" ou de "espírito"!

O corpo físico inicia seu rumo em direção à morte desde o momento em que nasce. Entretanto, agimos de modo oposto. Nos julgamos um corpo de carne e ossos que possui um princípio imortal, a quem denominamos de alma ou de espírito conforme a convicção religiosa de cada pessoa. Em acreditando ser dessa forma, deixamos o espírito ou a alma dentro de um guarda-roupa e colocamos esse "acessório" – a alma – sobre os ombros quando nos dirigimos ao nosso templo religioso.

Se é dia de ir ao centro espírita, abrimos o guarda-roupa e levamos o princípio imortal para ouvir o palestrante que vem de fora, para tomar a água fluidificada, para receber o passe; para ouvir um comentário sobre o Evangelho. Acabado esse horário, voltamos para casa e guardamos novamente o princípio imortal. O mesmo procedimento se repete em outras religiões, quando é o dia e a hora de ir à missa ou ao culto no templo evangélico, ou aonde nossa fé religiosa nos recomendar que devamos ir.

Somos espíritos imortais que temporariamente dispomos de um corpo físico que, mais dia, menos dia, deixaremos na Terra. Enquanto não incorporarmos essa realidade em nosso viver diário, nos torturaremos com os valores materiais ou com todos os tipos de problemas que nos ameacem como ser físico.

Em seu livro *Sempre melhor*, José Carlos De Lucca, no capítulo 68, assim se expressa (Editora Intelítera): "Enquanto a nossa atenção se fixar exclusivamente nos interesses terrenos, enquanto nossa alma não se alimentar das coisas espirituais, nosso espírito se enfraquecerá; o vazio interior nos dominará; as coisas terrenas já não serão capazes de preencher nossa sede de felicidade; a depressão nos atingirá cada vez mais; os ansiolíticos continuarão a ser os remédios mais vendidos no mundo, e as taxas de suicídio subirão vertiginosamente".

Será que os calçados da moda que inundam as prateleiras de seus possuidores nos impedem de enxergar a vida como Sócrates?

Será que se fôssemos colocados em um aeroporto procuraríamos admirar tudo aquilo que é ofertado para compra, como fez Mahatma Gandhi, identificando que já não precisamos mais de nada do que esteja ali exposto para viver?

Será que ainda levará muito tempo para nos conscientizarmos de que estamos aqui de passagem?

ACADEMIA PARA O ESPÍRITO

Quando eu era jovem, isso na década de setenta do século XX, não se falava em alimentação equilibrada. Não tínhamos a orientação de que deveríamos comer mais fibras às refeições. De que deveríamos consumir mais frutas. Ingerir menos sal e açúcar. Que a carne vermelha deveria ser deixada para um segundo plano e utilizarmos mais da carne denominada de branca.

O que se tinha para comer era utilizado sem a preocupação com a gordura saturada como se faz hoje. Produtos rotulados como *diet* e *light*... sinceramente não me recordo de ter visto algum naquele tempo. A ciência foi evoluindo e trazendo melhores orientações para todos também no campo da alimentação.

Somente a bebida alcoólica e o cigarro e derivados já tinham a reputação de comprometer a saúde moral e física da pessoa, principalmente os componentes do álcool, que desmorona o indivíduo e toda a família que com ele se preocupa ou que sofre sua influência. Não ficava atrás a infelicidade acarretada pelo uso das drogas ilícitas. Os produtos do tabaco também não são muito "inocentes"; além disso, a pessoa que convive na intimidade com um fumante também é lesada e, muitas vezes, até mais do que o indivíduo que fuma. Os produtos que existem na fumaça exalada depois de uma tragada são deletérios para as pessoas que estão próximas daquele que consome o tabaco.

Outra orientação que também não existia naquela época era a necessidade do exercício físico. Academias para a prática da musculação, como existem hoje, nunca ouvi menção sobre elas – que dirá no volume com que parecem "brotar" do chão nos dias atuais.

Hoje não. Os moços comparecem em suas aulas de musculação sonhando em ter um tórax e os braços tipo "Rambo". As moças sonham com as pernas bem torneadas e sem o incômodo da celulite. A cintura fina também é o objetivo delas.

Cuidar do corpo é absolutamente correto, porque ele é nosso precioso instrumento de trabalho. Ninguém em sã consciência contestaria tal realidade. Entretanto, se investimos naquilo que é mortal, por mais que sobreviva, por que ignorar a parte imortal que somos todos nós, como espíritos?

O que você pensaria da existência de academias para o espírito se exercitar e ficar cada vez mais forte?

Vou um pouco mais adiante: você conhece alguma academia que exercite o ser espiritual? Não? E se eu disser que você mora em uma academia com essa finalidade?

Sim! O lar de cada um de nós, onde Deus nos colocou ao lado das pessoas absolutamente certas, representa a maior academia para a prática dos "exercícios" que irão fortalecer-

-nos como espíritos imortais. A tolerância, a renúncia, a compreensão, o respeito, o perdão, o companheirismo, o silêncio no momento correto, o falar na hora adequada, são alguns dos "aparelhos" de ginástica para a nossa parte espiritual.

Quando a discussão se apresenta no horizonte do nosso lar: compreensão e silêncio para não fornecermos combustível para o desequilíbrio são exercícios possíveis para o fortalecimento do espírito. Quando a ofensa se apresenta desafiadora, o perdão é o instrumento para abafá-la na origem, evitando que se alastre e devaste a harmonia do lar. Diante dos pais mais idosos, a compreensão e o carinho para com suas necessidades, são possibilidades de nos exercitarmos espiritualmente. Quando os filhos necessitam da nossa presença, da nossa atenção, do nosso conselho, aí está a academia da alma à nossa disposição. Dessa maneira, cada um poderá ir identificando em seu lar sua academia para o fortalecimento espiritual.

Mas existem muitas outras fora de nossa casa. Por exemplo, o lar que a morte visitou e onde podemos comparecer com palavras de consolo. Nos hospitais, diante do enfermo acamado, onde podemos levar a palavra de bom ânimo. Nos abrigos para idosos ou para crianças que não possuem um lar e são cuidadas pela caridade alheia. O lar onde a doença instalou morada e que podemos visitar. A casa pobre da periferia da cidade, onde nossa contribuição irá mitigar as necessidades mais prementes. Em nosso ambiente de trabalho, onde nossa voz soará como mensagem de otimismo. No trânsito, onde podemos assumir atitudes de pacificação diante do nervosismo que se alastra.

Viram como existem variadas academias para o espírito se exercitar e fortalecer?

Doutor José Carlos De Lucca, em seu livro *Sempre melhor*, assim se pronuncia no capítulo 70 (Intelítera): "O corpo sem atividade enfraquece, a mente sem treino não se expande, e a alma sem trabalho não cresce.

Muitos problemas da nossa vida surgem da alma enfraquecida por falta de atividade. Assim como o corpo se desenvolve com exercícios físicos, o espírito também precisa se exercitar em seu aspecto transcendental."

E então, está disposto a começar a academia espiritual? Só não se esqueça do uniforme para a prática dos exercícios. Esse uniforme está em você mesmo e se chama boa vontade.

Bons e constantes exercícios!

O CHOQUE QUE SALVA

Nesta página falaremos um pouco de medicina aplicada à cura do espírito. Você conhece ou já ouviu falar de um aparelho utilizado em medicina de urgência e emergência chamado "desfibrilador"? Guarde esse nome porque, mais adiante, faremos uma pergunta sobre ele aplicado ao ser imortal.

Em locais de grande aglomeração de pessoas, é recomendável ter um aparelho desse tipo. O que é um desfibrilador? É um aparelho fabricado para aplicar um choque elétrico dosado adequadamente ao coração. E por que o coração precisaria receber um choque desse tipo? Porque, por diversos motivos, o coração, que é uma bomba que recebe o sangue de todo o corpo e o distribui novamente, pode sofrer uma parada em seu funcionamento chamada de "fibrilação".

Ao invés do coração (que nunca pode se aposentar) bombear ininterruptamente o sangue, ele começa a fibrilar, ou seja, executa movimentos inúteis para a distribuição do sangue pelo organismo. Se nada for feito nessas ocasiões, a vida física acaba. É exatamente aí que o nosso amigo desfibrilador entra em cena. O médico aplica um choque adequadamente dosado ao coração para que ele volte, o mais rapidamente possível, a desempenhar sua função de bombear o sangue e manter a vida.

Vamos fazer a seguinte comparação: suponhamos que uma aranha que esteja caminhando resolva deitar com a barriguinha para cima e interrompa sua caminhada. Em vez de andar, a aranha fica contemplando deslumbrada suas patinhas, que não se movem por inteiro, mas apenas esboçam pequenos e inúteis movimentos. O coração em fibrilação faz o mesmo. Ele esboça movimentos ineficazes para cumprir a sua função de circular o sangue pelo corpo. Se alguém chegar perto dessa aranha e der um pequeno cutucão, ela imediatamente se desvira e retoma a sua caminhada. O desfibrilador faz isso com o coração. Coloca-o em movimentação adequada para que ele trabalhe corretamente mantendo a vida. A intenção não é tirar a vida, mas sim salvá-la.

Pois bem, mas o que isso tudo tem a ver com o espírito imortal? Muita coisa. Muitas vezes agimos como o coração que não funciona adequadamente. Entramos em fibrilação e não cumprimos as tarefas para as quais reencarnamos. Ou, se preferirem, fazemos como a pequena aranha: deitamos de barriga para cima a contemplar a vida que passa. Não temos falta de dinheiro; estamos com saúde; os familiares queridos estão todos muito bem; moramos em uma ótima casa; temos um bom salário; os filhos caminham bem pela vida; nos vestimos de acordo com a moda; temos um bom carro, etc. Então, ficamos contemplando a vida despreocupada e improdutivamente.

Lembram-se quando pedimos no início para que guardassem bem o nome do DESFIBRILADOR? Pois então, a Providência Divina tem um aparelho parecido com ele. Só que as

Leis de Deus usam apenas o final do aparelho, ou seja, a DOR! E da mesma forma que o desfibrilador dos homens visa salvar a vida, o "aparelho" de Deus também. Quando é necessário sua utilização, surge um problema que vai nos tirar da atitude de *contemplação da vida* para nos colocarmos em marcha *trabalhando na vida*.

Nessas ocasiões em que a DOR é aplicada para colocar-nos no bom caminho, surgem os problemas. Os espíritos superiores, observando que estamos persistindo na inutilidade da existência, comprometendo a oportunidade da reencarnação, aplicam o desfibrilador de Deus, que, como dissemos, só tem a parte final, ou seja: DOR!

Ele se manifesta de diversas maneiras. Pode ser uma doença grave que comprometa a pessoa ou algum ente muito querido. Pode ser a desencarnação de um ente amado. Uma dificuldade financeira, retirando-nos do comodismo onde estávamos instalados por conta própria. Um filho que se desencaminhe na vida e nos exija muito trabalho para trazê-lo de volta ao bom caminho. Um atrito sério entre o casal, que o leve a repensar os valores do relacionamento. Mas, da mesma forma que o desfibrilador do homem é aplicado para salvar a vida e não para matar, o aparelho de Deus também é utilizado para recuperar a pessoa e não para arrasá-la.

Vejamos o que nos ensina o doutor José Carlos de Lucca em seu livro *Sempre melhor*, capítulo 71 (Intelítera):

"Quando nos tornamos espíritos endurecidos ou demasiadamente apáticos, fechados a qualquer possibilidade de renovação, as Leis Divinas fazem tremer o nosso chão, a fim de que possamos sair do terreno perigoso onde nos encontramos, buscando a terra firme do nosso progresso espiritual, que havíamos abandonado.

Deus não quer nos destruir quando surgem os empecilhos; Ele apenas almeja nos levar a uma situação mais benéfica do que aquela que estamos vivendo.

Portanto, na hora em que os problemas fizerem a terra de nossa vida tremer, vamos usar a calma que nasce da confiança de que estamos sendo resgatados pelo amor de Deus a um modo de vida mais feliz. O verdadeiro problema não é o terremoto, mas o lugar perigoso onde nos encontrávamos antes dele."

Portanto, meu amigo e minha amiga, façamos de tudo para que nunca precisemos experimentar nem o desfibrilador dos homens e muito menos o aparelho da Providência Divina – para "desfibrilar" o nosso orgulho, vaidade e egoísmo.

Para isso, tenhamos uma boa saúde física e moral.

AJEITANDO O FARDO

Você já viu um caminhão cheio de sacos de farinha pesados ser descarregado? Se viu e não observou, vamos dar uma relembrada? Tem um companheiro em cima da carroceria do veículo que apanha o pesado saco e ajuda aquele que vai transportá-lo sobre a cabeça, ou sobre os ombros, a acomodar a carga pesada, para que ela se equilibre e o peso seja distribuído sobre a coluna de forma a não causar danos.

São homens fortes, de musculatura definida, porque trabalhada pelos anos a fio da profissão. Os músculos que vão sustentar o peso, desde os ombros até os pés, vão sendo exercitados de forma a suportar a carga a ser transportada.

O companheiro que está na carroceria escora o saco de farinha até que o trabalhador encarregado da remoção do mesmo o ajeite adequadamente sobre a cabeça.

Isso pode nos dar uma ideia para raciocinarmos em termos do nosso "fardo" quando retornamos a um novo corpo físico.

Quando temos o mérito de participar do planejamento da nossa nova reencarnação, os amigos espirituais nos orientam sobre os problemas a serem suportados para que venhamos a aproveitar o máximo a nova existência. Evidentemente que não temos um caminhão cheio como o de sacos de farinha como fardo, porque senão não suportaríamos o peso a ser transportado. A Providência Divina que aplica a Justiça acompanhada da Misericórdia coloca uma pequena carga que precisaremos carregar para resolver problemas de consciência que nos incomodam e impedem de sermos felizes.

Os amigos espirituais, por sua vez, funcionam a exemplo daqueles trabalhadores que estão na carroceria do caminhão para ajudar a distribuir o peso do nosso fardo de maneira que fique o mais leve possível em nossos ombros.

É quando aceitamos a esposa difícil ou o marido complicado, que se assemelham, para efeito de raciocínio, aos sacos de farinha do trabalhador musculoso. É quando aparecem na "carroceria de nosso caminhão" os filhos-problemas, que representam, por sua vez, os sacos de farinha que compõem o fardo da nossa nova existência. Não podemos esquecer que os amigos espirituais que estiveram conosco na dimensão espiritual enquanto estávamos desencarnados planejando o nosso retorno estarão na "carroceria do caminhão" para nos ajudar a ajustar o peso do fardo.

Esse raciocínio podemos ir empregando para todos os problemas graves da existência.

No livro *Deus te abençoe!*, psicografia de Baccelli, encontramos uma página intitulada "Acomoda o fardo", que nos fala sobre essa situação (Editora Didier): "Encara com a naturalidade possível as provações que venham ao teu encontro, e elas não terão sobre ti o efeito que têm sobre quem não lhes assimila o golpe".

Fazemos uma pausa para destacar que Irmão José nos fala da naturalidade que nos for possível e não daquela naturalidade que seria a ideal, mas que ainda não estamos preparados para vivenciar. O professor não exige de um aluno das primeiras séries de aprendizado o comportamento de um professor doutor. Da mesma forma, a Providência Divina sabe de nossas limitações e não vai exigir nada daquilo que ainda não possamos dar. Entretanto, daquilo que já sejamos capazes de proporcionar diante das provações, isso nos será cobrado.

Continuando os ensinamentos de Irmão José no mesmo texto, encontramos: "Os que mais sofrem são geralmente os que mais reclamam e se rebelam sob o peso da cruz".

Outra verdade incontestável. Imaginemos o carregador do saco de farinha agitando-se com ele sobre a cabeça ou sobre os ombros. O peso do material ficará maior e mais difícil de ser transportado.

Por fim, finaliza Irmão José: "Acomoda o fardo sobre os ombros, aceitando-o de maneira resignada, e os teus joelhos não se dobrarão na jornada".

Representa o trabalhador que ajeita o saco de farinha sobre os ombros ou sobre sua cabeça de maneira tranquila e acaba por transportá-lo até o local do destino.

Aliás, tudo isso Jesus já anunciava há mais de dois mil anos, quando nos convidou a nos aproximarmos d'Ele com o nosso fardo para sermos aliviados.

Já imaginou se nos momentos de reclamações contra os familiares, contra o trabalho, reclamações no trânsito, diante das enfermidades, perante a situação financeira difícil, olharmos para o alto e vermos a figura de Jesus em cima da "carroceria de nosso caminhão", sorrindo e ajudando-nos a posicionar da maneira mais leve possível o fardo que temos que carregar?

Será que teremos a coragem de agarrar o nosso "saco de farinha" e atirar para o chão, negando-nos a fazer o serviço que aceitamos quando estávamos desencarnados, sendo ajudados por ele?

Hoje o saco pode ser de farinha, que é mais macio, se amolda aos nossos ombros ou sobre a nossa cabeça. Se o atirarmos ao chão sob revolta, amanhã poderemos ter sobre os ombros um pesado saco repleto de pedaços de ferro que vai nos ferir o corpo e exigir um esforço muito maior para acabarmos de "descarregar o nosso caminhão".

Que carga preferimos?

LAVAR OS PÉS

Como é do nosso conhecimento, Jesus, na última ceia com os seus discípulos, teve uma atitude de extrema humildade. De repente, ele se levanta, ajoelha-se aos pés de seus companheiros para lavar-lhes essa parte do corpo. Já imaginaram? O governador espiritual do nosso planeta ajoelhar-se para lavar os pés daqueles homens? Na ocasião, Pedro fez menção de não concordar com a atitude do Mestre. Entretanto, Jesus o advertiu de que, se o apóstolo desejasse realmente estar com ele, teria que concordar com sua decisão.

Fico imaginando os pés que andavam descalços pelos caminhos empoeirados daquelas regiões, ou mal calçados com sandálias rústicas que não impediam que se sujassem muito. Naquela época, como será que cortavam as unhas? Ou não cortavam? Não havia o conhecido "trim" de hoje. De que tamanho deveriam estar as unhas dos discípulos? Banho também podemos considerar que era um artigo de luxo. Não devia ser utilizado todos os dias, como hoje, com pessoas tomando dois ou três banhos diariamente. Dessa maneira, podemos concluir que Jesus se debruçou sobre pés extremamente sujos sob o ponto de vista material. Mesmo assim, ele não titubeia e lava-os com a mais terna lição de humildade.

Será que hoje teríamos ocasiões de tomar atitudes semelhantes? Vamos fazer um exercício de meditação utilizando-nos dessa lição do Cristo?

Suponhamos que dentro do lar o marido, ao perceber que se desenha um desentendimento entre o casal, se ajoelhasse em sentido figurado nos pés da esposa. Com certeza, nos dias de hoje, o homem encontra pés femininos bem cuidados pelo trabalho da manicure. Pés macios, cheirosos, esmaltados, de cutículas tiradas etc. Assim, não fica difícil de tomar esses pés e lavá-los. Não no sentido físico, mas no sentido da atitude de humildade, procurando evitar que o relacionamento entre o casal se deteriore. Ajoelhar-se no sentido de empregar a compreensão, a renúncia, a tolerância, para que a reconciliação seja vencedora. Mas na maioria das vezes isso não ocorre. O marido não se ajoelha no sentido moral da lição de Jesus. Em vez disso, proclama: "Por que fui casar justamente com essa mulher? Tinha tantas outras para escolher e fui ficar exatamente com essa!".

Nesse momento, deve soar em nossa consciência a advertência de Jesus para Pedro, que se negava deixar o Mestre lavar-lhe os pés: se queremos realmente estar com ele, devemos fazê-lo.

Da mesma forma deve proceder a esposa ao perceber que a situação caminha para criar um momento de tensão entre o casal, ameaçando a tranquilidade do lar. Ajoelhar-se no sentido moral do ensinamento do Cristo para impedir que a paz se ausente da casa. Da mesma forma, muitas mulheres assim se pronunciam: "Meu Deus! Com tantos homens para escolher, fui casar exatamente com esse! Onde estava com a cabeça? Por que não ouvi minha mãe? Estava cega!". E assim por diante...

Se quisermos estar com ele, devemos ter a coragem de ajoelharmo-nos nas ocasiões em que isso se torna necessário.

E no trânsito? Já imaginaram? Quantas chances de nos ajoelharmos perante o outro motorista que nos dá uma "fechada" e, às vezes, até mesmo pronuncia um palavrão? Se ajoelhássemos diante do outro, quantas mortes não seriam evitadas quando o desequilíbrio emocional atinge o máximo!

Em nosso local de trabalho, quando o pessimismo começa a se espalhar como um vendaval destruidor de esperanças, se nos ajoelhássemos e fôssemos o mensageiro do otimismo, como poderíamos modificar o ambiente e nossos colegas!

Diante de nossos pais idosos, que se tornam ranzinzas, implicantes, reclamões, insatisfeitos, porque a velhice pesa nos ombros de todos os que atingiram a idade madura, se nos ajoelhássemos com a humildade que Jesus exemplificou, seríamos mais tolerantes e cumpriríamos o mandamento de honrar pai e mãe.

Perante nossos filhos, se nas ocasiões adequadas soubéssemos nos ajoelhar para escutá-los, orientá-los, dar a eles a atenção de que estão necessitados naquele momento, quantos desatinos poderíamos evitar para eles e para nós mesmos?

Ajoelhar-se diante de outra pessoa não significa, absolutamente, ser derrotado. Pelo contrário: significa vencer a si mesmo. Vencer o orgulho, a vaidade e o egoísmo que moram em nosso interior, razões das nossas quedas e dolorosas colheitas pela estrada evolutiva.

Pedro quis impedir Jesus de lavar-lhe os pés porque não se sentia digno daquela atitude do Mestre. Já imaginaram como nos sentiríamos com Jesus ajoelhado à nossa frente? Não seria mil vezes preferível que fôssemos nós a nos ajoelhar diante dele? Mas foi essa a recomendação dele para todos os que desejassem estar com ele. Na medida em que nos ajoelhamos diante de nosso semelhante, servindo-o de alguma maneira, é diante do nosso Modelo e Guia que estamos ajoelhados.

Quando o topete do nosso orgulho ameaçar levantar-se diante daquele que julgamos nos ofender de alguma maneira, ajoelhemo-nos em homenagem a Jesus.

Quando a atitude de nossa vaidade ameaçar elevar-nos acima de nosso semelhante, ajoelhemo-nos cumprindo a recomendação do Mestre.

Quando o egoísmo recomendar fecharmo-nos diante das necessidades alheias, ajoelhemo-nos diante do próximo para que possamos, em realidade, estar ajoelhados diante dele e estarmos com ele.

De que adianta ficarmos de pé ou em pé, se na realidade estivermos moralmente prostrados no caminho evolutivo por estar longe do Cristo?

ONDE NÃO GOSTAMOS DE IR

EXISTEM OS LUGARES onde gostamos de ir e aqueles outros que não nos agradam. Depende de cada um.

Você, por exemplo, gosta de ir aonde? Muitas pessoas, milhares mesmo, gostam de comparecer a um campo de futebol no dia do jogo que é chamado de *clássico*, quando duas grandes equipes se confrontam.

Outras pessoas adoram ir a um baile ouvir a música de sua preferência, dançar, conversar com os presentes. Sentem um enorme prazer nesse local e aliviam a tensão do dia a dia.

O sonho de um determinado número de pessoas são as viagens de turismo. Conhecer outros países, outras culturas, povos de língua diferente, comida diferente, a arquitetura diversa daquela que estamos acostumados a ver, clima diferente e tudo mais que diferencia esses países do nosso amado Brasil, o melhor país do mundo sem nenhum favor.

Existem aqueles cujo local preferido é diante de uma agência de carros novos. Param diante dos veículos expostos, que estão reluzindo, cheirando a novo, de cor atraente, com opcionais que fazem parte do sonho da pessoa sonhadora em poder adquiri-lo.

Outras já preferem a casa, com todo conforto. Com diversos ambientes. Com arquitetura moderna. A casa do seu sonho. Sentem-se maravilhosamente bem dentro dela, como se estivessem numa espécie de paraíso.

Conhecemos pessoas que gostam de ir ao shopping e fazer compras. Ah! Poder comprar nas lojas tentadoras desses locais o sapato tão aguardado! A roupa da moda! Poder ir de loja em loja olhando, "apalpando" com os olhos, "saboreando" com os sonhos essa ou aquela peça de roupa. Não sentem nem as horas e o dia escoar quando estão nesse ambiente. É uma questão de gosto. Precisa ser respeitado. Se concordamos ou não, isso é outro assunto.

Mas (e sempre existe um "mas") existe um lugar que muitos preferem esquecer. A imensa maioria das pessoas prefere sequer se lembrar. Esse local do qual iremos falar, nem pensar nele! "Por favor, nem toque no assunto que me sinto mal!", dizem.

"Não estraguem a minha paz!", proclamam outros.

Você é capaz de responder onde fica esse lugar intencionalmente esquecido? Vou dar uma pista: *Conhece-te a ti mesmo*.

Pronto. Agora você já sabe, apesar de não saber se você concorda ou não com esse lugar do qual fugimos tanto. Não gostamos, nem um pouco, de visitar o nosso interior, por mais que isso seja indispensável. E quem diz isso não sou eu. Está n'*O Livro dos Espíritos*, na questão 919. E quem nos ensina como fazê-lo é nada mais nada menos do que Santo Agostinho. Recomenda ele: fazei o que eu fazia de minha vida sobre a Terra: ao fim da jornada, eu interrogava minha consciência, passava em revista o que fizera, e me perguntava se não faltara algum dever, se ninguém tinha nada a se lamentar de mim. Foi assim, continua ele ensinando, que consegui me conhecer e ver o que havia para reformar em mim.

Por isso não gostamos desse lugar. Já imaginaram o que encontraríamos dentro de nós se no final de cada noite fizéssemos a análise de Santo Agostinho?

"Mas ele era um santo! Eu sou um mero pecador", corremos a buscar desculpas para não visitar esse local do qual não gostamos. Só que esse mergulho dentro de nós é necessário. Não foi assim que Saulo de Tarso transformou-se em Paulo, o destemido divulgador da Boa-Nova de Jesus? Se Saulo não tivesse a coragem de isolar-se por um tempo e visitar o seu íntimo, provavelmente teria desencarnado perseguindo os cristãos.

Se você acha essa visita muito difícil, ou até mesmo impossível, veja o que Santo Agostinho nos ensina: "Aquele que, cada noite, lembrasse todas as ações da jornada e se perguntasse o que fez de bem ou de mal, pedindo a Deus e ao seu anjo guardião para o esclarecer, adquiriria uma grande força para se aperfeiçoar, porque, crede-me, Deus o assistiria".

Veja bem: se estivermos realmente dispostos a mudar de rumo, a retornar ao bom caminho, Deus nos assistirá! O problema, então, não é que seja impossível, mas sim se estamos dispostos a mudar.

Na questão 909 de *O Livro dos Espíritos*, Kardec pergunta se o homem poderia sempre vencer suas más tendências pelos seus esforços. Os espíritos da codificação respondem que *sim:* "e, algumas vezes, por fracos esforços. É a vontade que lhe falta. Ah! quão poucos dentre vós fazem esforços"!

Por isso que não gostamos de visitar o nosso interior, no sentido de analisar-nos de maneira verdadeira e corajosa. Como não queremos renunciar aos prazeres imediatos do mundo físico, estancamos o passo quando percebemos que estamos indo em direção ao nosso íntimo, local que não gostamos de visitar.

A questão de número 910 do mesmo livro reforça o ensinamento de Santo Agostinho. Nessa pergunta, a resposta nos afirma que se ele (o homem) ora a Deus e ao seu bom gênio com sinceridade, os bons espíritos virão certamente em sua ajuda, porque é a sua missão.

Depois de toda essa ajuda, facilmente em nosso alcance, continuaremos a preferir os locais de diversão que o mundo material nos oferece ou iniciaremos nesta mesma noite a primeira visita à nossa consciência?

O MAIOR ABRIGO

ONDE VOCÊ ACHA que está o maior abrigo do mundo? Seria, talvez, na assim chamada *Casa Branca*, onde mora o presidente dos Estados Unidos da América? Ou será que o maior abrigo estaria na moradia do presidente da França, da Rússia, da Itália, da Alemanha?

Poderíamos também incluir nessa lista o Vaticano, que abriga o papa com a sua guarda própria?

Será que o maior abrigo estaria numa construção de concreto inabalável à explosão da mais poderosa bomba nuclear?

Ou será que o maior abrigo seria uma fortaleza intransponível para qualquer tipo de agente nocivo à saúde de uma pessoa?

Em sua opinião, onde está o maior abrigo?

No livro *Deus te abençoe!*, na página "O que fará diferença", psicografia de Baccelli, pelo espírito Irmão José (Editora Didier), encontramos a seguinte afirmação, para a nossa mais profunda meditação: "Em todo o Universo, não há abrigo mais seguro que o da consciência tranquila".

Repararam um detalhe? Ele coloca como o mais seguro abrigo *do Universo*! E será que é mesmo? Vamos refletir.

Jesus, depois de ter-se doado de maneira plena a toda a humanidade, o que recebeu em retribuição, apesar de nunca ter feito algo em troca de alguma coisa? Apesar de amar incondicionalmente, foi traído por Judas; recebeu a vacilação de Pedro na hora do testemunho; a omissão de todos aqueles que foram curados por ele de suas doenças físicas e mentais. Onde estavam, por exemplo, os rotulados como leprosos da época enquanto Jesus agonizava na cruz da injustiça a que os homens o condenaram? Onde estavam os paralíticos que voltaram a andar? Os cegos que voltaram a enxergar? Os surdos e os mudos a quem ele curou? Onde se escondiam os obsediados, por ele aliviados? Os injustiçados do mundo aos quais ele consolou? Ninguém! Nenhum desses se fizeram presentes no momento derradeiro. Mas a consciência tranquila do dever cumprido até o último sofrimento dava a ele, na solidão da cruz, o maior abrigo com que todo ser pode contar quando assim se encontra.

Relembremos Jan Huss, que, condenado à fogueira da impiedade humana daqueles que se arvoravam em representantes do Cristo, dirigiu-se ao sacrifício entoando hinos de louvor! Estava na posse do abrigo mais seguro porque possuía a consciência em paz. Embora soubesse que o corpo material seria devorado pelo fogo, nada temia. Havia cumprido sua missão.

E Francisco de Assis? Rotulado como vagabundo, como louco, como sonhador, não abriu mão da Irmã Pobreza para estar em paz com a sua consciência. E como sofreu Francisco! Seu corpo, frágil pela própria constituição física que o identificava, foi visitado por várias doenças que impuseram a ele muito sofrimento. Dolorosos sofrimentos. Foi vitimado pelo assim chamado *tracoma*, uma grave infecção nos olhos que, naquela época (em que não existiam os recursos da medicina), era tratado com um ferro em brasa para tentar matar o agente causador da enfermidade. Conta a história que Francisco pediu apenas que o Irmão Fogo tivesse compaixão dele, quando o ferro em brasa se aproximou de seus olhos. Foi vitimado também pela malária que lhe impunha febre alta e dores por todo o corpo, numa época em que recurso algum existia para tratar esse mal. Nem mesmo um simples remédio para dor. Depois, por conviver em contato com leprosos, a quem ele tratava verdadeiramente como irmãos, acabou por contrair essa enfermidade.

E a renúncia que teve que fazer da própria família terrena para servir à família universal? A incompreensão do pai, homem que se conduzia pelos tesouros do mundo; a separação da sensível e amorosa mãe, que compreendeu a grandeza da missão do filho...

E o que ele deve ter padecido no rigoroso inverno que caracterizava a região da Úmbria? O escasso alimento. A pobreza extrema das vestes. A ausência de calçado. Os pés feridos pela brutalidade dos caminhos percorridos para restaurar a Boa-Nova de Jesus! O que não deve ter padecido Francisco! Mas, tinha com ele o maior abrigo, o da consciência em paz de quem cumpria o pedido de seu Mestre: *Francisco, restaura a minha Igreja*!

O quanto não sofreu Chico Xavier com os seus problemas pessoais? O quanto não sofreu Chico com os problemas das mães desesperadas que o buscavam como a última esperança de um consolo para a morte que lhe tragara o filho insensivelmente? E Chico ainda pede a Jesus para partir do mundo quando a nação brasileira estivesse feliz, de modo que sua partida não impusesse sofrimento a ninguém.

São pessoas que construíram, através da consciência pacificada, o maior abrigo que qualquer ser pode ter onde quer que se encontre, dentro ou fora do corpo material.

Será que já nos demos conta de que um dia, através da morte, sairemos do esconderijo do corpo?

Como estará nosso abrigo nessa ocasião: uma palhoça frágil ou uma fortaleza que nos dê a segurança necessária para continuarmos nosso trabalho evolutivo, onde quer que as Leis da Vida nos conduzam?

AS BRECHAS MORAIS

No livro psicografado por Baccelli intitulado *Deus te abençoe!*, no título "Não te exponhas", Irmão José faz uma afirmação sobre a qual deveríamos parar e refletir: "Diminutas concessões à invigilância são mais que suficientes para que a mente se vincule à sugestão sistemática das trevas" (Ed. Didier).

Muitas pessoas, principalmente as não espíritas, julgam que o mundo dos espíritos (ou "das almas", como preferem dizer), se encontra num local longínquo, além do horizonte, e nada tem a ver com a nossa realidade. Mas que perigo isso representa, principalmente para aquele que se entrega à comodidade moral e adormece nos braços da invigilância!

Assim como nos acomodamos às comodidades da vida material, existem aquelas pessoas que se acomodam às comodidades de ordem moral. O período de carnaval é um exemplo muito claro disso. Nesse período perigosíssimo, a pessoa se autoconfere uma licença moral para toda e qualquer atitude que venha à tona em seus desejos. Aqueles que julgam os espíritos localizados num lugar perdido no Universo agem optando pela comodidade moral. "Que nada!", afirmam categóricos, "essa história de alma do outro mundo agir no nosso é pura besteira!

Morreu, acabou! E, se não acabou, não voltam mais!". Essa atitude, que caracteriza a comodidade moral, é semelhante a uma pessoa, que por não acreditar em ladrão, deixa a porta da casa aberta. Tanto melhor para aquele que rouba, porque já encontra o caminho desimpedido. Azar daquele que não acredita que a porta aberta facilita o trabalho do ladrão.

A resposta à questão 459 de *O Livro dos Espíritos* ensina o seguinte, diante da pergunta de Kardec se os espíritos influem sobre nossos pensamentos e nossas ações: "A esse respeito, sua influência é maior do que credes porque, frequentemente, são eles que vos dirigem". Mais claro do que essa resposta, para constatarmos a ação dos desencarnados em nossas vidas, impossível.

Quando ocorre um caso de suicídio (para exemplificarmos a afirmativa de Irmão José citada anteriormente), muitas pessoas se abalam, lamentam, algumas se arvoram no direito de condenar, como se fossem imunes a esse desequilíbrio extremo. Reflitamos que o suicídio não nasceu naquele momento do ato consumado. Não! Ele nasce quando o suicida lança um pensamento deste tipo tão comum de ouvirmos, infelizmente: "Estou tão cansado desta vida!". Pronto. O espírito inferior, dedicado ao mal, capta imediatamente esse pensamento e começa a acompanhar a vítima em potencial de suas maldades. Ocorre o que Irmão José ensina quando nos fala de pequenas oportunidades que concedemos à invigilância, para cairmos na zona de influência dos espíritos desejosos de nos levar à queda.

Ao emitir o pensamento de que se está cansado desta vida, abre-se a janela mental para que o desencarnado estabeleça uma ligação conosco. Evidentemente que ele não irá de imediato sugerir ao encarnado invigilante que passe a mão em um revólver e se mate. Não. O desencarnado vai, aos poucos, alimentando o pensamento de que realmente a vida não é boa; que aqui neste mundo mais sofremos do que somos felizes; que realmente não vale a pena viver; que a morte é um descanso. E vai por aí afora introduzindo pensamentos negativos na mente que se abriu, num instante de invigilância, para ser "assaltada" pelo desencarnado de "plantão".

Outro exemplo seria o daquele que atinge o ponto de se transformar em um ladrão. Em determinado ponto da sua trajetória evolutiva, ele pode ter emitido pensamentos desse tipo: "Estou cansado de ser honesto! Trabalho e trabalho e não saio financeiramente do lugar, enquanto aqueles que roubam ficam ricos em pouco tempo". Aí está o momento de invigilância que o espírito desencarnado, voltado para o mal aguarda. Estabelece-se nesse momento de descuido mental a sintonia com as trevas, como ensina Irmão José. A partir daí o desencarnado começa a "trabalhar" os pensamentos daquele trabalhador honesto, mas que apresentou a brecha moral num momento de fraqueza. "É isso mesmo!", induz mentalmente o agente do mal. "Que adianta trabalhar honestamente e passar uma vida toda de privações enquanto os desonestos deixam a vida arrumada para várias gerações? Que tal dar uma mudada nessa tal de honestidade? Por que não tentar outros meios mais eficazes para aquele que trabalha muito e ganha pouco?" Com essas e muitas outras insinuações, a sintonia com as trevas se solidifica e o envolvido acaba nos noticiários da imprensa como mais um que assalta os bens que não lhe pertencem.

Se quisermos mais um exemplo, recordemos os casos de adultério. Hoje o homem vê uma mulher bonita e lança um pequeno pensamento de cobiça, que é imediatamente captado pelo espírito voltado ao mal. A partir desse momento de descuido, o invasor da mente invigilante vai tentando induzir cada vez mais o desejo da fantasia sexual. Ele não age de imediato, como se dissesse assim: "Olha que mulher bonita! Você merece uma aventura dessas! Realize o seu desejo! Será apenas uma vez! Uma vez somente!". Não: o desencarnado tem suas táticas de "assalto" à mente invigilante. Não agride abruptamente para não dar origem a uma reação imediata. Vai aos poucos. Hoje um desejo aqui. Amanhã outra mulher bonita acolá. Se houver brechas, passa a agir no lar daquele homem, levando-o ao atrito com a esposa pelos mais variados e fúteis motivos, de tal maneira que, aos poucos, cria um ambiente favorável para que o encarnado invigilante julgue ser justificada a prática do adultério. Depois da primeira vez, tudo fica mais fácil, porque o encarnado que proporcionou a brecha moral arrumou um "amigo" desencarnado bastante atento e insistente.

Se tudo o que escrevemos até agora sobre esse tema fosse insignificante, por que Jesus teria afirmado "orai e vigiai para não cairdes em tentação"?

Vamos logo examinar se somos portadores de brechas mentais. Verifiquemos nossas janelas mentais. Cuidemos das portas de entrada que permitam ao "ladrão" desencarnado entrar, fechando-as com a chave da prece e do trabalho no campo do bem.

O MÁSCARA DE FERRO

Tenho lido o máximo que posso sobre a vida dos dois missionários do século XX: Chico Xavier e Divaldo Pereira Franco. Aliás, o que sei da vida de ambos foi através de muitas leituras, já que não tive o mérito de conviver com nenhum deles. Por isso, torna-se às vezes difícil identificar em que livro tomei conhecimento desse ou daquele detalhe da vida dos dois. Entretanto, o fato que passarei a narrar com minhas lembranças, para tirarmos as lições necessárias, eu o li no livro intitulado Divaldo Franco, *O jovem que escolheu o amor*, da confreira Maria Anita Rosas Batista, capítulo 29 (Editora Lorenz).

Desde pequeno, Divaldo era perseguido por um espírito que declarava abertamente desejar fazer-lhe o mal (desejava até mesmo matá-lo). Quando ainda criança, se socorria dessas visões no amparo da mãe amorosa, que o convidava a orar. O espírito, contudo, não desistia de aparecer a Divaldo, anunciando suas intenções de acabar com ele.

Em determinada ocasião, Divaldo sofreu uma agressão por parte de uma senhora idosa na repartição pública em que trabalhava. A mulher, repentinamente, desferiu-lhe com as mãos um soco no rosto, ferindo a face de Divaldo com o anel que lhe ornava um dos dedos. O agredido não revidou de forma nenhuma. Nem com palavras. Na verdade, perdoou incondicionalmente a ponto de nem se lembrar do incidente quando, no dia seguinte, a mulher retornou ao local para pedir a ele desculpas pelo ocorrido. O espírito obsessor em quem Divaldo, colocou o nome de "Máscara de Ferro", por lembrar-lhe esse personagem de um filme, estava por trás da agressão da senhora idosa. Se Divaldo tivesse revidado, iria comprometer-se e à doutrina espírita.

Passaram-se os anos, e o inimigo espiritual continuou firme em seu propósito (que se devia a problemas ocorridos entre ele e Divaldo no século XVII). Vejam só como é válida a recomendação de Jesus de nos reconciliarmos com nossos inimigos enquanto estamos em trânsito com ele, para que essa dívida não seja transmitida para outras reencarnações. Evidentemente que o jovem médium, na ocasião, não revelou os motivos do atrito.

Em determinado dia, deixaram na porta da Mansão do Caminho uma menina de cor negra recém-nascida. Divaldo foi chamado e, como fez com outras crianças, recebeu a abandonada com muito carinho e a levou para o interior do abrigo. Nisso aparece o Máscara de Ferro e pergunta a Divaldo se ele seria capaz de amar aquela criança que fora abandonada. O tribuno baiano respondeu afirmativamente, da mesma forma que amou a muitas outras crianças. O espírito obsessor, sensibilizado com a capacidade de amar de seu perseguido, revelou que aquela criança era sua mãe que retornava para uma nova reencarnação.

A partir dessa atitude de amar o próximo, Divaldo transformou o inimigo ferrenho em um amigo e colaborador, daquele dia em diante.

Agora uma pergunta para nossa consciência: será que não temos também em nossas vidas um Máscara de Ferro? Ou será que temos vários? E onde será que ele está no nosso caso? Você seria capaz de deduzir o local mais provável?

E como temos tratado o nosso Máscara de Ferro? Com amor e paciência, como Divaldo fez para conquistar o inimigo? Ou será que temos revidado ofensa por ofensa e acentuado o atrito? Por exemplo: aquela esposa difícil (segundo nosso conceito) não seria aquela mulher que abandonamos no passado em busca de novas aventuras e que hoje retorna ao nosso lado no lar como a nossa Máscara de Ferro? O marido chato não seria aquele companheiro que a mulher abandonou com os filhos nas jornadas anteriores em que se encontraram e que hoje retorna no mesmo lar como o Máscara de Ferro daquela esposa? Os filhos que nos tiram o sossego não seriam companheiros que desencaminhamos em tempos idos e que hoje retornam no mesmo lar como nossos Máscaras de Ferro? E aquele irmão com o qual não nos afinamos, apesar de todos os esforços, não seria alguém a quem ficamos devendo algo muito grave e que hoje retorna como o nosso Máscara de Ferro na atual existência? Como temos agido ao lado deles?

Divaldo amou e teve paciência sem limites. E nós, como temos nos comportado? Será que desejamos a reconciliação para que o outro retire sua máscara e possamos vê-lo sorrir o sorriso da reconciliação, que acrescentará paz em nossas vidas? Ou enfiamos ainda mais a máscara no pescoço do outro, para que o ódio continue até que outras reencarnações com problemas, com dores e desassossego nos convençam do contrário?

Vamos retirar a máscara com as mãos do amor e da paciência, como fez Divaldo? Não é preciso muita coisa. Irmão José, no livro *Deus te abençoe!*, psicografia de Baccelli, sob o título "Demolindo muralhas" (Didier), faz a seguinte afirmativa: "Um único gesto de nobreza pode, não raro, demolir muralhas de indiferença e ressentimento que se ergueram ao longo dos séculos".

Será que não dá nem para tentar?

Máscara mesmo, só no carnaval. E olhe lá!

OS TRÊS SÍTIOS

VAMOS CONTAR PARA você a história de três sitiantes. Pedimos sua atenção para o devido julgamento.

O primeiro dono preparou com muito cuidado a terra que iria receber as sementes de algodão. Queria ver o chão coberto pela neve do algodoal. Por isso escolheu as melhores amostras das sementes a ele oferecidas. Depois do devido tempo e todos os cuidados necessários com sua lavoura, viu aquele pedaço de chão coberto de branco como se fosse a mais linda das noivas no seu dia de casamento.

Tendo se acercado da divisa da sua propriedade com a do vizinho, viu que ele estava arando o chão como se fosse plantar alguma coisa. Curioso, teve a devida dose de paciência de observar o trabalho alheio. Para seu espanto, todavia, o proprietário encheu as covas de pedras. Sim, de pedras! Pensou rápido: "Estaria o vizinho com o juízo abalado? Plantar pedras! O que esperava ele colher?".

Depois do devido tempo, as terras do vizinho cobriram-se de branco como as dele. As pedras haviam dado origem a um belo algodoal!

Enquanto você pensa nessa hipótese, vou narrar a história do segundo sítio.

O proprietário preparou com carinho o solo e nele depositou as melhores amostras de amendoim. Queria ver a terra coberta de folhas verdes dando sustento e vida às vagens que continham os grãos da planta. Depois do tempo exigido pela natureza, o sonho daquele sitiante se realizou. O chão do qual ele cuidara com tanto carinho parecia uma enorme esmeralda de tão verde. Ficou imensamente feliz. Contudo, da mesma forma que o primeiro sitiante, ele também tinha um vizinho que estava preparando o chão para semear algo. Ficou boquiaberto quando viu o proprietário chacoalhar as sementes de tiririca nas covas e emitiu os mesmos pensamentos que o primeiro sitiante, julgando que seu vizinho de terras estaria com algum problema mental. Nunca vira ninguém plantar tiririca! Essa praga cresce sozinha! Mas o tempo também reservava para ele uma grande surpresa. Depois de determinado prazo (que foi muito rápido), o solo se cobriu de verde. Não de tiririca, mas de uma bela plantação de amendoim igual à dele!

Enquanto você pensa nessa história, vamos à outra.

Desta vez o sitiante programara o solo para ter um belo cafezal balançando ao vento. Trabalhou o solo, plantou e, tempos depois, um "pelotão" de belos pés de café oscilava ao passar da brisa. O proprietário ficou, da mesma forma que os dois primeiros, exultante de alegria. Mas... É isso mesmo! Ele também tinha um vizinho que estava preparando o solo para o plantio. Você seria capaz de adivinhar o que seria plantado dessa vez? Claro que não. O homem realizava uma semeadura de urtigas!

É isso mesmo: daquela planta urticante, irritante da pele, chamada de *urtiga*. E você é capaz de adivinhar o resto baseado nas duas primeiras histórias? Pois é! Das urtigas plantadas surgiu um cafezal invejável...

Você, com toda a razão, deverá estar pensando que esse escritor não está no seu devido juízo! Como pode, de pedras, surgir um algodoal? Como pode, de tiririca, surgir uma plantação de amendoim? Como urtigas darão origem a um belo cafezal? Simplesmente impossível! E você tem toda a razão.

Em nossas vidas ocorre o mesmo. Daquilo que semearmos no solo da existência, iremos colher. No livro *Deus te abençoe!*, psicografia de Baccelli, Irmão José afirma o seguinte, sob o título "Semeadura" (Ed. Didier): "Semeia, na convicção de que haverás de colher exatamente segundo a espécie da semente que plantares. Não aguardes boa ceifa sem boa semeadura".

O mesmo absurdo que lemos nas histórias anteriores não pode ocorrer em nossas vidas. Seria totalmente contrário às Leis que regem a Vida.

Quando pergunto às pessoas que não creem na reencarnação como ficaria a situação depois da morte daqueles que fizeram o mal durante toda a existência, ingenuamente argumentam que Deus é bom e perdoa todo aquele que se arrepende do que fez na hora da morte! Eu respondo: esse deus a quem você se refere é realmente muito bom. Tão bom que é injusto. Como pode ele colocar no mesmo lugar uma pessoa que utilizou a vida para praticar o bem e uma outra que passou a existência enganando, roubando, sendo desonesto, cometendo os mais variados crimes?! A Bondade de Deus não violenta sua

Justiça. Colheremos daquilo que plantarmos certamente. Não pode o que semeia espinhos colher rosas.

Não pode aquele que semeia trevas colher a luz. É uma questão da Justiça perfeita em ação. Julgar o contrário seria o mesmo que concordar que as três histórias anteriores fossem reais, fossem absolutamente justas. Seria concordar que aquele que semeou pedras obteve um algodoal. Aquele que semeou tiririca obteve uma bela plantação de amendoim. E aquele que plantou urtigas, um invejável cafezal.

Por isso, é melhor, o quanto antes, darmos uma olhada nas sementes que temos lançado no solo da existência. É urgente modificarmos o que estamos plantando. A não ser que você acredite em uma das histórias que acabou de ler.

Como tenho certeza de que não, vamos planejar uma bela colheita para o amanhã?

E depois do que acabou de ler, você saberá o que é melhor plantar no solo da vida. As melhores sementes estão numa loja que se chama "consciência". E essa loja está sempre aberta, aguardando o bom trabalhador para fornecer as mais belas sementes que possamos imaginar. Semeemos, pois.

A MÁSCARA DE CADA UM

A Grécia sempre despontou no campo das artes. Aliás, no campo da cultura em geral. O teatro foi um dos seus pontos fortes. Em peças encenadas ao ar livre, em locais com excelente acústica, os atores, todos do sexo masculino, usavam uma máscara feita de tecido engomado e com uma grande abertura na altura da boca para permitir que a voz do artista passasse para o público a fala do personagem que estava sendo representado. A máscara tinha essa finalidade: caracterizar a *persona* que estava sendo interpretada pelo ator.

Joanna de Ângelis, no livro *Elucidações psicológicas à luz do espiritismo*, psicografia de Divaldo (Editora Leal), nos ensina que "em permanente representação dos conteúdos mentais, e dominada pela imposição das leis e costumes de cada época e cultura, a personalidade representa a aparência para ser conhecida, não raro em distonia com o seu eu profundo e real, gerador de conflitos".

Trocando em miúdos esse ensinamento, podemos considerar que apresentamos (ou representamos?) na vida social uma realidade que não se adapta à grande realidade do nosso eu profundo.

Utilizando uma linguagem mais comum, lembramos a colocação de que, no carnaval, na realidade o ser humano que se entrega às folias dessa festa materialista não coloca uma máscara de acordo com a sua fantasia, mas sim retira a máscara que utiliza no seu dia a dia e se autoconcede o direito de fazer o que bem entender para retirar de si o estresse do cotidiano. Analisando os dados policiais anunciados após esse período, ficamos a pensar se o folião realmente livrou-se do estresse ou, como se diz na gíria popular, "arrumou mais para a sua cabeça".

Continuando o ensinamento no mesmo livro e capítulo mencionados, Joanna diz que "a personalidade é transitória e assinala etapas reencarnacionistas, definidoras de experiências nos sexos, na cultura, na inteligência, na arte e no relacionamento interpessoal".

Ou seja, na medida em que evoluímos e muito, o interior do espírito imortal vai aflorando mais e mais, de tal maneira que, no dia em que estiver em avançado estágio da evolução, o que ele é por fora corresponderá ao que ele alberga no seu interior. Se estamos falando em evoluir, o crescimento do bem de dentro aflora no dia a dia do ser que convive em sociedade, deixando de apresentar uma máscara que encobre os seus defeitos íntimos.

A propósito desse assunto, Irmão José, no livro *Deus te abençoe!*, psicografia de Baccelli (Editora Didier), traz uma lição contundente intitulada "Corta no espírito!".

Nessa página, o benfeitor amigo nos convida a analisar o que pensamos quando estamos a sós. Que pensamentos trafegam pela nossa mente. O que realmente somos, e não aquilo que representamos ser, o que é muito diferente no atual estágio de evolução da Humanidade.

Criticamos tanto as pessoas cujas mazelas morais vêm a público nos noticiários das televisões e jornais sem nos perguntar se, no lugar delas e nas condições em que elas agiram de maneira condenável, não faríamos o mesmo.

E essa página de grande vigor, de grande apelo moral de Irmão José, termina por afirmar que "quem não corta no espírito cortará inevitavelmente pela carne as suas excrescências de ordem moral".

Aí se resume o grande problema da desencarnação! Perdemos o esconderijo do corpo material e nos apresentamos com a realidade, sem disfarces, no mundo espiritual.

Li certa ocasião a narrativa de uma senhora que, viúva há pouco tempo, tendo a ocasião de perguntar a Divaldo como estava o falecido, ouviu dele uma resposta clara e objetiva: "Como sempre esteve". Lógico! Nada mais justo e normal. Divaldo não estava sendo indelicado ou insensível. A morte não é fábrica de santo ou de santa. O desonesto, ao deixar o corpo sem vida, continuará com suas tendências desonestas. O envolvido com o álcool, com drogas lícitas ou ilícitas, continuará buscando-as. O que se entrega aos prazeres sexuais continuará a sentir a necessidade de sexo. Os criminosos continuarão a procurar ambientes espirituais que lhes correspondam aos sentimentos que não souberam corrigir enquanto na escola da Terra. E assim por diante.

Insistimos: a morte não realiza a mágica de conferir santidade a quem não a possui! Quem é forte ou fraco é o ser espiritual e nunca o corpo material. De maneira que, ao deixar nosso uniforme na Terra pelo fenômeno da morte, transportamos conosco as virtudes e as mazelas morais de que somos portadores. E toda imperfeição não corrigida enquanto em trânsito pela escola da Terra ficará a pedir um novo retorno ao mundo físico, ocasião em que ocorre exatamente o anunciado pelo Irmão José: cortaremos inevitavelmente pela carne as nossas excrescências morais. Ou mais objetivamente falando: nos encontraremos com aquela companheira da qual sempre tentamos fugir e da qual nos aproximamos todas as vezes em que cometemos deslizes morais que exijam o tratamento pela dor.

Meu amigo e minha amiga, caso hoje tenhamos que deixar a nossa máscara na Terra, como será que nos apresentaremos no mundo espiritual?

Você já ouviu alguém dizer que tem mais medo de encarnado do que de espírito desencarnado? Essa afirmativa tem sua dose de verdade. O que teremos dentro de nós que ainda não conseguimos corrigir e que, sem a máscara do corpo físico, assustaria muito mais do que um espírito desencarnado?

Retornemos à nossa pergunta, feita linhas antes: como nos apresentaremos no plano espiritual fora do corpo material? Se partíssemos hoje para o mundo dos espíritos sem a máscara do corpo físico, quem se assustaria mais: nós com aqueles que encontraremos, ou eles conosco?

Irmão José tem razão: cortar no espírito para que, ao cair a máscara, possamos conviver em paz com aqueles que nos rodeiam, e conosco mesmos.

O ESPELHO

Uma pessoa vivia a enxergar e comentar os defeitos alheios. Não tinha uma só alma na qual não conseguisse identificar algo para criticar. Você conhece alguém assim?

Essa pessoa era um especialista em identificar imperfeições em qualquer pessoa. E não somente em identificar, mas também (e principalmente) em passá-las adiante "revigoradas". "Fulano? Nossa, você nem imagina do que ele é capaz! Olha, ele é assim, assado. Faz isso e aquilo. Um horror!" "Beltrano? Meu Deus! Se você conhecesse um pouco mais, se espantaria! Fiquei sabendo que ele fez isso e aquilo, mais isso e aquilo outro! Você nem imagina! É um deus nos acuda!" "Ciclano? Nem te conto! Só tem cara de santo. Se é que tem! É capaz disso e daquilo. Age assim e assado".

Como dá para perceber, essa pessoa deixava os outros de orelhas vermelhas o tempo todo, se for verdade que nossa orelha esquenta quando alguém está a falar mal de nós, como diziam os antigos.

Um dia a Misericórdia Divina teve dó dessa grande língua e resolveu intervir. Essa pessoa dormia a sono solto, como se costuma dizer. Entretanto, sonhava. Ou, melhor dizendo, em linguagem espírita: o corpo dormia enquanto o espírito desdobrado "andava" pela dimensão espiritual da vida, que nunca se interrompe. Subitamente, sem que esse espírito soubesse explicar, surgiu-lhe à frente um ilustre desconhecido. Esse espírito, com um sorriso nos lábios, fez uma pergunta:

– Meu amigo, por que encontra tantos defeitos nos outros?

Ao que o nosso conhecido retrucou sem titubear:

– Ora, porque os outros possuem defeitos!

– E será que não possuímos também os nossos?

– Não sei, nunca ninguém reclamou – argumentou já contrariado nosso personagem.

– Faça uma experiência, meu amigo – voltou a orientar o mensageiro da Misericórdia Divina. – Quando detectar os defeitos das pessoas, coloque um espelho na sua frente.

– Ora, e por quê? Para quê?

– Por um motivo muito simples: vemos nos outros aquilo que realmente somos. Quando a desonestidade mora dentro de nós, vemo-la nos outros. Quando o egoísmo reside em nosso interior, identificamos nos outros a pessoa egoísta. Quando estamos impregnados de orgulho, encontramos as pessoas que julgamos orgulhosas. Se somos sovinas, miseráveis, atribuímos aos outros o mesmo proceder. Se deixamos a vaidade morar dentro de nós, vivemos acusando as pessoas de vaidosas. Ou seja, meu irmão, encontramos nos outros aquilo de que estamos repletos em nosso íntimo. Por isso orientei-o a colocar um espelho em sua frente todas as vezes que resolver falar mal de alguém. Será de você mesmo que estará falando. Dos seus próprios defeitos.

O nosso conhecido acordou rapidamente daquele "sonho" e balbuciou:

– Sujeitinho atrevido! Nem o conheço e se atreve a me dar conselhos! Parece que só encontro pessoas assim pela frente!

É. Ainda não tinha aprendido a lição.

Mas nós, espíritos espíritas, não podemos deixar de compreendê-la. Para nos auxiliar, lembramos os ensinamentos de Irmão José no livro *Deus te abençoe!*, psicografia de Baccelli, sob o título "Exceto Deus" (Didier). Orienta ele que na apreciação das atitudes alheias, não devemos dispensar o metro da misericórdia. Ensina também que não devemos sair à rua sem que as lentes da compreensão cubram nossos olhos, porque de nada adianta acionarmos o alarme do incêndio se não temos como combater as labaredas.

Finalmente, Irmão José arremata suas colocações lembrando o bom samaritano, que auxiliou o homem caído sem fazer pergunta nenhuma, e muito menos procurar por seus defeitos.

Se tivermos dificuldade de frear a língua, que tal andar com um pequeno espelho no bolso e, todas as vezes que sentirmos aquela vontade irresistível de comentar um defeito daquele que caminha ao nosso lado, olharmos nossa face refletida nesse espelho, que retiraremos do bolso?

Um dia Chico Xavier estava chateado com um comentário maldoso e mentiroso a seu respeito. É, nem Chico escapava. Emmanuel surgiu-lhe à visão espiritual indagando o motivo de o médium sentir-se daquela maneira. Chico explicou que haviam feito uma crítica sobre ele que não era verdadeira. Emmanuel, então, disse-lhe que toda vez que alguém comentasse algo ruim sobre nossa pessoa, e que não fosse verdade, que deveríamos continuar com as mãos no trabalho. Caso a crítica tivesse fundamento, então deveríamos aproveitar para corrigir-nos.

Onde será que nós, espíritos espíritas, nos enquadramos?

O espelho poderá ajudar na resposta.

VOCÊ NÃO VAI ler uma história do folclore oriental. Não. Esse foi um acontecimento real noticiado pela revista *VEJA*, em sua edição 2.394.

Um estudioso francês resolveu abandonar sua tese de doutorado em biologia molecular no renomado Instituto Pasteur para se dedicar a uma vida de contemplação como monge budista.

Já monge, no começo dos anos 2000 ele se submeteu a uma equipe de pesquisadores da Universidade de Wisconsin que investigava o efeito da meditação no cérebro. Para tal finalidade, ficou três horas dentro de um aparelho de ressonância magnética que mapeou determinadas regiões de seu cérebro. O resultado de tal pesquisa foi a constatação de que esse monge era a pessoa mais feliz do mundo.

Como se chegou a tal constatação? Os pesquisadores tabelaram a felicidade em uma escala de 0,3 (muito infeliz) a -0,3 (muito feliz), de acordo com a movimentação ou não das regiões do cérebro que ativam emoções positivas ou negativas. O índice obtido pelo monge foi de -0,45!

O estudioso que optou pela vida de monge budista se manifesta na reportagem da referida revista afirmando que o sofrimento acontece de qualquer maneira na vida do ser humano. A questão é o que você faz com ele: se você se vê como vítima, ou se o usa como catalisador de uma transformação pessoal. Sofrimentos nunca são desejáveis, mas é possível transformar a dor em desespero ou usá-la para progredir. Uma estratégia, continua esse monge ensinando, é voltar-se ao altruísmo, fazer coisas significativas para os outros, em vez de focar na dor própria.

Diante dessa afirmativa, nos lembramos de Chico Xavier, que vivenciou tantos problemas particulares, alguns conhecidos e outros que permaneceram na sua intimidade, e conseguiu ser feliz, segundo ele mesmo afirmou em diversas ocasiões em que se manifestou sobre isso.

Problemas de saúde que tanto nos preocupam acompanharam o Chico por quase toda a sua vida terrena. Problemas na área familiar da mesma forma estiveram presentes, como sobejamente é do conhecimento de todos. Isto é, aqueles que o médium mineiro chegou a revelar. Sabe Deus quantos outros manteve em silêncio! No entanto, Chico dizia que o espírita deveria enxugar as lágrimas derramadas ocultamente, colocar um sorriso nos lábios e ir atender aos sofredores. Ele utilizava, portanto, a técnica sugerida pelo monge da citada reportagem: se voltar ao altruísmo, fazer coisas significativas para os outros, em vez de se focar na sua dor. Qual seria o índice que o Chico alcançaria se submetido ao mesmo teste do monge?

Sobre Divaldo Pereira Franco também poderíamos fazer o

mesmo raciocínio. Por quantos sofrimentos deve ter passado? Que sabemos nós, que apenas temos notícias sobre a vida desse missionário espírita através dos dados biográficos que os livros nos fornecem, ressalvando, obviamente, aquelas pessoas que desfrutam e desfrutaram de sua intimidade?

O que passou Francisco de Assis? Será que o nosso egoísmo nos permite fazer suposições do que esse espírito de escol sofreu para ensinar, servindo a todos daquele tempo (e dos tempos vindouros) por amor a Jesus?

E Jan Huss, que foi devorado pela fogueira infame de homens que se atreviam a falar sobre Deus enquanto queimavam o próprio semelhante a quem deveriam amar?

E a jovem heroína francesa traída pelo próprio representante do seu povo, Joana D'Arc? Já imaginaram o que padeceu nas mãos de homens rudes, embrutecidos pela ausência do amor, vazando ódio por todos os poros, e que se julgavam dignos representantes da Providência Divina?

No entanto, todos eles triunfaram quando fizeram do seu sofrimento um motivo para o exercício do altruísmo, como bem sugeriu o monge, ao invés de se sentirem vítimas da própria dor.

Qual seria o índice de felicidade que o aparelho de ressonância magnética acusaria se essas abençoadas pessoas e tantas outras que iluminaram o céu escuro da indiferença humana fossem submetidas a uma pesquisa semelhante à do monge budista?

Será que o aparelho suportaria tanta felicidade presente

nesses dignos representantes do Criador, ou explodiria de alegria ao constatar que na humanidade já existem dignos representantes do Amor de Deus entre os homens?

Você se submeteria a esse tipo de exame, ou temeria pelo resultado que pudesse ser encontrado?

NOSSOS EXERCÍCIOS

Quando você vê um campeão de natação ocupando o lugar mais alto do pódio, irradiando uma felicidade sem limites pelo prêmio conquistado, como você acha que ele chegou até lá? Como conseguiu atingir o seu objetivo maior? Será que foi levantando tarde, colocando o maiô da moda, dirigindo-se para o clube, instalando-se confortavelmente ao lado de uma bela piscina olímpica e aí ficando saboreando uma gostosa laranjada com bastante gelo em um dia quente de verão?

Ou será que, muito pelo contrário, abriu mão dessa vida mansa e suou muito na dedicação ao treinamento intenso nas águas da piscina? Horas de treinos intermináveis! É evidente que você sabe a resposta. Não é necessário ninguém responder, não é mesmo?

Com certeza teve que abdicar de uma vida social mais intensa, mais completa, para dedicar-se incansavelmente a um esquema de treinamento exaustivo para realizar os seus sonhos.

Vamos analisar outra situação. Quando você vê um jogador de futebol extremamente bem-sucedido, muito famoso, que ganha verdadeiras fortunas, será que ele chegou lá levantando tarde após uma boa noite de boemia? Será que esse jogador atingiu seus objetivos apenas dirigindo-se a um campo de futebol na hora que bem entendesse e ali ficasse sentado na sombra de uma bela árvore acariciando uma bola? Ou será que atingiu a glória através de anos dedicados ao aperfeiçoamento de suas habilidades, de sua técnica, para superar suas limitações e projetar-se como um excelente jogador de futebol? Você, com a mais absoluta certeza, também sabe a resposta. Não é necessário ninguém responder.

Imaginemos agora aquele atleta musculoso, uma musculatura invejável, que define as estruturas do seu corpo escultural e o leva ao título num campeonato de fisiculturistas. Será que esse atleta ali chegou apenas observando os aparelhos da academia? Será que foi sem nenhuma dedicação que, num passe de mágica, surgiu um corpo definido, uma musculatura invejável? Ou será que foram anos e anos de extrema dedicação no levantamento de pesos, cada vez mais difíceis, que o levaram a definir os mais diversos tipos de músculos e a ganhar o título de *Mister Universo* nesse tipo de esporte? Você também sabe de sobra a resposta a essa pergunta, não é?

Vamos mudar um pouco o nosso foco. Quando contemplamos um ser humano da grandeza de Chico Xavier, como deduzimos que ele chegou a esse alcance espiritual?

Quando admiramos boquiabertos toda a realização de Divaldo Pereira Franco, como imaginamos que ele atingiu essa grandeza espiritual?

O mesmo podemos perguntar sobre Madre Teresa de Calcutá, sobre um Albert Schweitzer.

Se formos analisar a altura moral de um Francisco de Assis,

podemos especular de que maneira ele atingiu o brilho espiritual que revelou em sua reencarnação em nosso atrasado planeta, não?

De uma coisa temos absoluta certeza sobre os grandes vultos que se destacaram na parte moral da existência: não chegaram lá por acaso, muito menos pela lei do mínimo esforço. Todos eles, sem nenhuma exceção, enfrentaram grandes batalhas, desde épocas remotas, para burilarem suas imperfeições até se nos revelarem da maneira como ficaram conhecidos por sua grandeza espiritual. São os atletas da moral.

Sobre o próprio Chico, não desconhecemos os muitos sofrimentos que o visitaram em sua última reencarnação.

A história de Divaldo é repleta de problemas por ele vencidos para que pudesse nos revelar sua grandeza moral.

Se formos pesquisar a vida de Madre Teresa e de um Albert Schweitzer, elas estão cheias de percalços por eles vencidos.

Alguns pagaram com a própria vida física o preço para atingir seus objetivos, tais como Mahatma Gandhi e o pastor Martin Luther King, defensor intimorato dos direitos do povo negro nos Estados Unidos.

Exercitaram-se, e muito, para chegar aonde chegaram e deslumbrar a nossa alma com o mérito que revelaram. Foram "atletas" morais que se dedicaram intensamente aos "exercícios" apresentados pelas dificuldades da vida.

Irmão José, no livro *Deus te abençoe!*, psicografia de Baccelli (Ed. Didier), nos ensina que, quanto mais o atleta é exigido, mais se sente na obrigação de corresponder. Se não fossem as provas que desafiam nossa resistência moral, como poderíamos avaliar nossa capacidade de enfrentar e vencer os obstáculos que nos levam ao crescimento?

Se não existisse aquele que nos ofende, como exercitaríamos o perdão?

Não fosse aquele que se posiciona orgulhoso no trato com a nossa pessoa, como poderíamos exercer nossa humildade para poder compreendê-lo?

Não fossem as dificuldades financeiras, como nos prepararíamos para a utilização do dinheiro com parcimônia?

Não fosse a provação difícil do dinheiro farto, como nos exercitaríamos em nossa resistência moral quando diante dos apelos a diversos tipos de vícios que podem ter seu início no dinheiro abundante?

Não fosse a doença tenaz que nos impõe cuidados constantes, como nos exercitar na preservação e valorização da saúde?

Não fossem aqueles que nos estendem as mãos pedindo algo material ou a doação de nós mesmos, como poderíamos exercitar a caridade?

Da mesma maneira que os três atletas citados no início atingiram posições que admiramos, necessitamos exercitar as nossas qualidades através das provas da existência, para nos transformarmos nos atletas morais do futuro. Não existe outro caminho.

Chico, Divaldo, Madre Teresa, Irmã Dulce, e muitos outros, iniciaram muito cedo seus "treinamentos" para se transformarem em atletas da moral que nos dulcificam a alma. Não ficaram sentados à beira da estrada da existência à espera de uma "graça" para se transformarem no que foram ou no que são.

Em sendo assim, quando nos levantaremos do banco do orgulho, da vaidade e do egoísmo e ingressaremos na academia dos exercícios morais para que venhamos a ser, em dia distante, atletas admirados pelas gerações dos milênios futuros?

Tanta gente vive preocupada em exibir músculos semelhantes ao personagem do "Rambo"... Quando será que cada um de nós se exercitará no bem para apresentarmos "músculos" morais que nos façam parecer, mesmo que de longe, um Chico Xavier, um Emmanuel, um André Luiz, um doutor Bezerra, ou qualquer outro vulto exemplar do cristianismo?

A PRINCESA DE JERÔNIMO

Dei esse título a esta história porque seu núcleo foi contado por Jerônimo Mendonça (também conhecido como *O Gigante Deitado*, numa feliz e inspirada denominação da doutora Jane, da cidade de Cambé, no Paraná).

A vida desse espírito haverá de ficar marcada como um dos grandes exemplos de resignação diante dos sofrimentos apresentados a ele e vitoriosamente vencidos. Como sabemos, Jerônimo Mendonça ficou trinta anos em uma cama vitimado pela cegueira, pela paralisia e pelas recalcitrantes dores cardíacas que o castigavam ininterruptamente. Mesmo assim, teve a fibra moral de se tornar em um grande divulgador da doutrina espírita; de fundar centros espíritas; de fundar lar destinado a crianças e, até mesmo, uma gráfica com o objetivo de divulgar o espiritismo.

Mas é sobre a história de uma princesa contada por ele que queremos escrever. Reproduziremos o núcleo desse relato com a nossa interpretação e acrescentaremos algumas ponderações que nos levarão a reflexões necessárias e urgentes a todo ser humano, seja de que religião for, ou mesmo àqueles sem religião nenhuma.

Numa manhã de primavera em que o sol brilhava fortemente no céu azul de poucas nuvens, a princesa despertou de mais uma noite de sono maravilhoso! Dormira sobre um colchão de penas de ganso. O travesseiro era da mesma textura. Abriu a cortina que rodeava sua cama larga e muito bem enfeitada e espreguiçou-se longamente. Tinha a impressão de que passara a noite em companhia dos anjos. Foi até a janela incrustada nas pedras de seu castelo imponente e abriu-a para receber os raios de sol no interior dos seus aposentos. Como estava lindo o astro rei! Parecia uma enorme pepita de ouro presa de alguma maneira no azul do infinito. O aroma das flores delicadamente cultivadas pelo jardineiro do castelo penetrou também pela pequena abertura feita pela princesa na janela. Ah! Como era bom todos os dias sentir aquele perfume que adentrava em sua alma, fazendo-a mais feliz ainda!

Seu banho morno já estava pronto, preparado que fora pelas jovens que a serviam dedicadamente. Banhou-se demoradamente e depois penteou os longos cabelos dourados, que iam até a sua cintura, trançando as grossas madeixas que escorriam como uma cascata de luz. Vestiu um dos seus belos vestidos. Desceu para o andar inferior, onde uma mesa farta servia o desjejum. Carnes variadas dos pobres animais, produto da caça que seu pai e acompanhantes abatiam por divertimento e que viviam pelas florestas da propriedade do castelo. O pão assado recentemente nas fornalhas da requintada cozinha do castelo exalava o cheiro característico do alimento, convidando a saboreá-lo. Geleias de frutas silvestres cuidadosamente confeccionadas por mãos hábeis também compunham a rica mesa naquela manhã. Após servir-se, a princesa tomou da luxuosa carruagem branca e, como fazia sempre, ordenou que a levassem pelas estradas do reino do seu pai. Trigais extensos se desenhavam anunciando a colheita farta. O verde das plantações contrastava com o marrom escuro do solo. "Como Deus era bom!", exclamava quase em êxtase a princesa.

Somos assim mesmo. Quando tudo segue de acordo com o que desejamos, "Deus é bom". Mas, se uma vírgula destoa daquilo que planejamos, "Deus nos esqueceu!". Como somos inconstantes em nossa fé!

Prossigamos com a nossa princesa. Ou melhor, com a princesa do Jerônimo. Na noite que se seguiu àquele dia deslumbrante, a princesa acomodou-se no colchão macio. Ajeitou o travesseiro contra o rosto corado e adormeceu. De repente, viu-se na presença de um visitante inesperado! Ela não entendia como aquele homem de túnica muito alva e comprida adentrara seus aposentos reais. Não compreendendo que estava desdobrada em espírito, fez menção de chamar os guardas para expulsar o intruso. Entretanto, a voz do visitante se fez ouvir, serena:

– Estimada princesa. Nada tema. Estou aqui para convidá-la a um passeio por regiões que nunca antes você teve oportunidade de conhecer.

Diante dessa colocação, a princesa perdeu o temor e ponderou:

– Passeio em regiões onde nunca estive?! Como assim, se todos os dias percorro com a carruagem do castelo os mais distantes rincões da propriedade do reino?

– Pois lhe garanto que o local aonde irei levá-la, caso aceite, você não conhece. Por mais longe que tenha ido em seu reino, nesse lugar, com a mais absoluta certeza, nunca esteve.

Num misto de curiosidade e desafio àquele visitante inesperado, a princesa aceitou o convite. Duvidava muito que existisse um local como o anunciado. Suas delicadas mãos apoiaram-se em um dos braços do visitante, e eles começaram a subir, subir, subir... como se fossem mais leve que as penas de ganso do seu colchão.

Lá embaixo ia ficando cada vez menor o castelo onde morava. O anfitrião procurou tranquilizá-la:

– Nada tema, princesa. Prossigamos em direção a regiões que desconhece.

Depois de algum tempo chegaram a um local de muita luz, onde o sol brilhava mais forte do que na Terra. O azul do céu era de um tom nunca antes concebido por ela. Pássaros trinavam felizes voando em paz de um lugar para outro. Flores multicoloridas enfeitavam a paisagem local. As árvores eram esmeradamente aparadas. Havia música no ar, embora não se identificasse de onde vinha. Com certeza naquele local o bordado de estrelas da noite seria muito mais belo. Admirada e espantada, a princesa começou a contemplar inúmeros castelos! Não havia apenas um, como o seu. Muitos e belos castelos ali se erguiam majestosos, afrontando o ar. Era impossível escolher o mais bonito entre eles. A princesa, boquiaberta, conseguiu apenas balbuciar:

– Mas que local é esse?! Nunca pude imaginar que existisse!

– Esse local, princesa, é destinado àqueles que na Terra cumpriram os seus deveres no campo do Bem, do amor ao próximo – esclareceu o anfitrião.

– Como assim? Não entendo!

– Para cá vêm aqueles que no mundo não se esqueceram dos sofredores. Cada ato de bondade praticado envia para esse lugar um tijolo de luz que vai sendo utilizado na confecção do castelo de cada pessoa.

– Isso significa que cada um deles tem um dono?

– Sim. Construído com as obras no bem enquanto estamos no mundo dos homens.

– E de quem é esse castelo, o mais belo que meus olhos podem contemplar?

– Do seu jardineiro, princesa.

– Do jardineiro que cuida dos jardins do castelo?!

– Dele mesmo, minha filha.

– Mas... mas...

Antes que a princesa se refizesse da enorme surpresa, o anfitrião continuou com o seu convite:

– Gostaria de levá-la para conhecer outros lugares. Caminhemos por essa estrada que sai do meio dos castelos.

Ela não conseguia entender! Como a construção mais bela daquela região podia ser do jardineiro que ela nem conhecia e que cuidava dos jardins do castelo? Na medida em que se distanciavam, a intensidade da luz foi diminuindo. As flores desapareceram. Os pássaros já não cantavam mais. As belas árvores foram sendo substituídas por um mato agressivo. E as construções? Ah! As construções deixaram de ser os castelos maravilhosos. Cada vez mais humildes e pobres se faziam elas. Até que, em determinado momento, o anfitrião parou diante de um terreno invadido por mato agressivo. No centro dele havia um casebre caindo aos pedaços. As paredes ameaçavam ruir. O telhado nem existia direito. O interior estava invadido pela erva daninha. Aquela paisagem provocou um arrepio na princesa, que levou as delicadas mãos aos lábios, comentando:

– Esse lugar está destinado a morada de alguém, algum dia?

– Sim, princesa – respondeu o acompanhante.

– Mas quem viria morar num lugar desses?

– Esse lugar, por enquanto, princesa, é seu. Aqui você irá morar quando mudar-se do seu castelo do mundo dos homens.

– Não! Por favor... Não quero morar num lugar desses. O que preciso fazer para não vir para cá? Diga-me, pelo amor de Deus!

O anfitrião, passando a mão direita sobre a testa da moça aflita, respondeu:

– Converse com o jardineiro do seu castelo, princesa. Ele poderá orientá-la sobre o que fazer para a reforma da casa que você acabou de contemplar.

O espírito da jovem foi atraído rapidamente para o corpo adormecido, que se revolvia na cama, coberto pelo suor produzido pela revelação horripilante. Antes, porém, teve tempo de ouvir:

– Não se esqueça, princesa. Peça orientações para o jardineiro do seu castelo. Ele saberá ajudá-la.

A jovem acordou ansiosa naquela manhã. Na verdade, nem dormira direito, à espera do movimento do dia, para conversar com o jardineiro do castelo. O que poderia ele, um homem simples que servia nos jardins cuidando das plantas, ensiná-la? Naquela manhã, a princesa não se demorou em seu ritual. Vestiu uma roupa das mais humildes que possuía. Não se sentou à mesa do desjejum – não estava interessada na comida, mas naquilo que o humilde jardineiro teria para ensiná-la. Faria qualquer coisa para nunca ter de morar no local horrível que tinha visto em sonho. Sonho?! Mas tudo parecia tão real! Desceu rapidamente as escadarias que davam acesso aos jardins e lá estava ele, como sempre, o jardineiro, agachado e cuidando dos canteiros reais. Aproximou-se humilde e perguntou:

– Olá, jardineiro. Podemos conversar um pouco?

Ao ouvir a voz da princesa o pobre homem nem se atreveu a levantar o olhar em direção a ela. Afinal, ela era uma princesa, e ele, um simples servidor do castelo.

– O que teria um homem como eu para conversar com Vossa Alteza?

– Meu amigo, levante a cabeça. Quero apenas que me fale sobre sua vida.

– Minha vida, princesa?! Mas o que a vida de um homem pobre pode interessar à senhora?

– Não importa em quê, bom homem. Apenas me fale como é o seu dia. Como vive. Apenas isso.

Mesmo sem compreender o motivo, o jardineiro não podia desobedecer uma ordem real. Começou, então, a fazer uma narração do seu dia a dia.

– Bem, Alteza, moro com os meus pais, já velhinhos e com limitações físicas. De manhã, dou banho neles. Troco suas roupas e depois os levo no colo para a mesa do café da manhã. Dou alimento em suas bocas, já que têm dificuldades para se alimentar por si mesmos. Depois os coloco em um sofá confortável e venho para o trabalho em seu castelo.

– Sim. E depois, o que continua fazendo em sua casa?

– Na hora do almoço, princesa, quando tenho a minha folga, retorno ao lar para dar a eles o almoço, da mesma maneira que no café da manhã. Tudo se repete, e retorno para os jardins do castelo até que anoiteça.

– E à noite, bom homem, o que faz por seus pais?

– Volto para meu lar, troco suas roupas, se necessário torno a dar banho, alimento-os no jantar e coloco-os na cama para que repousem. Enquanto não dormem, canto alguma canção ou conto sobre o meu dia de trabalho até que adormeçam. Essa é a minha vida, muito simples, Alteza.

– Conte mais jardineiro. Nos seus dias de folga, o que faz? Fica o dia todo com seus pais?

– Não, princesa. Depois de cuidar deles, dirijo-me a locais distantes do seu reino a amparar doentes que necessitam de ajuda, de uma palavra amiga. Levo os alimentos que posso para distribuir com os famintos. Visito um lar que a morte adentrou ceifando alguma vida de um ser querido, e levo uma palavra de conforto. Se disponho de alguma roupa velha que não me fará falta, levo-a para doar àquele que não dispõe de nada. O mesmo faço com algum calçado que posso dispensar em favor de alguém que tenha menos do que eu. Enfim, princesa, quando não tenho nada de material para dar, dou de mim mesmo. Essa tem sido a minha vida durante esses anos. Como a senhora pode ver, nada tem de interessante.

– Agradeço sua atenção para comigo – respondeu a princesa de maneira humilde. – E quero fazer mais um pedido, meu amigo.

– Como posso servi-la, Alteza? Alguma flor que deseja?

– Não, bom homem. Gostaria de acompanhá-lo em suas visitas aos locais distantes do reino para atender a todas as pessoas a quem se referiu.

– Mas princesa! Deixar o conforto do castelo e misturar-se com esse povo sofrido?!

– É o que te peço. E, se for meu amigo, atenderá meu pedido.

E desse tempo em diante, todas as vezes que o jardineiro socorria os necessitados, lá estava ela, humildemente vestida para que não fosse identificada e levando vários recursos que mobilizava do castelo.

O tempo passou e o jardineiro desencarnou, mas a princesa continuou firme em seus propósitos de servir aos sofredores. Até que um dia chegou o momento de sua partida. Seus cabelos antes louros estavam branqueados pela neve da idade. A formosura do rosto havia sido invadida pelas marcas do tempo. As mãos, que antes pareciam feitas da mais rica das porcelanas, demonstravam sinais da idade. Mas essas mãos não se cansaram de socorrer a todos a quem podia. No momento da sua desencarnação viu novamente o antigo anfitrião que lhe sorria. Quis perguntar a ele sobre a moradia que tinha conseguido construir com os tijolos de luz que enviara durante todos aqueles anos através do Bem praticado, mas ele, estranhamente, desapareceu da sua visão. Sozinha, temerosa do que iria encontrar, a princesa viu-se novamente no mesmo local que visitara quando jovem. Começou a percorrer a mesma rua que levava para as moradias extremamente pobres no plano espiritual. Enquanto caminhava, receosa, ouviu uma voz que a chamava:

– Princesa! Ô, princesa!

Apurou as vistas e olhou em direção daquela voz conhecida.

– Jardineiro, meu bom homem! Como está renovado e feliz! E que belo castelo! Trocou o anterior por esse ainda mais bonito?

– Não, princesa. Estou apenas cuidando do jardim para o verdadeiro dono que está para chegar.

– Ele, com certeza, ficará extremamente feliz. Que bela moradia de luz!

– Gostou mesmo, princesa?

– Muito, meu amigo.

– Pois, então, venha. Ele é totalmente seu. Foi construído pelos tijolos de luz que você soube enviar para cá durante toda a sua vida.

Só então a princesa percebeu que o castelo deslumbrante

estava construído na mesma região onde outrora apenas existia o mato agressivo e um casebre em ruínas.

***

Meu amigo e minha amiga, todos nós, sem nenhuma exceção, realizaremos a Grande Viagem. Retornaremos, mais dia menos dia, para o lugar de onde viemos.

Aqui na Terra, quando programamos uma viagem, não cuidamos da mala, colocando nela tudo de que possamos necessitar? E como está a mala para a Grande Viagem? Faltando muita coisa? Ainda nem começou a arrumar?

Quando viajamos aqui na Terra, não cuidamos de verificar no mapa as rodovias que teremos de utilizar para uma viagem tranquila? E para a Grande Viagem, temos consultado algum mapa? Que tal *O Evangelho segundo o Espiritismo*, que nos permite avaliar os caminhos mais seguros? Ou será que você prefere retornar por caminhos desconhecidos e perigosos?

Aqui na Terra, quando vamos viajar para uma cidade distante e que não conhecemos, não procuramos nos informar sobre o clima, onde nos hospedar, onde tomar nossas refeições? E como temos procedido para com a Grande Viagem?

As manifestações dos espíritos desencarnados nos permitem uma série muito grande de informações do lado de lá. Temos procurado ouvi-las e meditar sobre elas? Ou apenas nos importamos por curiosidade com essas manifestações, sem a devida análise das suas advertências?

Quando você vai viajar aqui na Terra, leva dinheiro em espécie ou verifica se possui saldo no banco para poder pagar com o cartão de crédito. E em relação à Grande Viagem, você tem saldo no banco da Providência Divina para, nos momentos de necessidade, ter o que sacar do lado de lá?

Aqui na Terra, quando vamos viajar, mandamos fazer uma revisão no carro para que ele não nos deixe na mão na estrada. E para a Grande Viagem, temos preparado o "carro" do perispírito, cuidando bem do corpo físico enquanto nele estamos morando? Ou será que danificamos o veículo perispiritual com a comida em excesso, a bebida alcoólica, os momentos de explosão através da cólera, o cigarro e tudo o mais que caracteriza um suicídio indireto e que vai danificar o "carro" do perispírito?

A princesa acordou em tempo de construir um belo castelo que a recebeu em seu retorno à dimensão espiritual da vida. Temos também enviado tijolos de luz para que o nosso lugar do outro lado seja de paz e felicidade?

Jerônimo Mendonça considerava-se um aprendiz de jardineiro. E nós, estamos dispostos a ser aprendiz do aprendiz?

Boa Grande Viagem para você, e um feliz castelo de luz a aguardá-lo na dimensão espiritual da Vida.

Bibliografia

ALMEIDA, Alberto. *Pais e filhos – fortalecendo vínculos*, 1ª edição, 2014, Editora Premius, Fortaleza-CE.

BACCELLI, Carlos A. *Deus te abençoe!*, 2ª edição, 2013, LIS, Guarulhos-SP. Também edição Didier.

__________________. *Vinde a mim*, 1ª edição, 2014, Editora Didier, Votuporanga-SP.

BADUY, Antonio Filho. *Outras histórias*, 1ª edição, 2013, IDE, Araras-SP.

BATISTA, Maria A. R. *Divaldo Franco, o jovem que escolheu o amor*, 3ª edição, 2011, Editora Lorenz, Rio de Janeiro-RJ.

BEER, Raquel. Revista *Veja*, edição 2.394, 2014, Editora Abril, São Paulo-SP, páginas 118 e 119.

FRANCO, Divaldo P. *Elucidações psicológicas à luz do espiritismo*, 2ª edição, 2002, Editora LEAL, Salvador-BA.

__________________. *O ser consciente*, 13ª edição, 1993, Editora Leal, Salvador-BA

LUCCA, José C. De. *Sempre melhor*, 1ª edição, 2014, Editora Intelítera, São Paulo-SP.

NOBRE, Marlene. *À luz do eterno recomeço*, 2011, Editora FE, São Paulo-SP.

_______________. *Lições de sabedoria*, 1ª edição, 1996, Editora FE, São Paulo-SP.

PASSINI, José. "Perdoe-se", revista *Reformador*, Federação Espírita Brasileira, maio de 2014, Brasília-DF.

XAVIER, Francisco C. *A semente de mostarda*, 1ª edição, 1990, Editora GEEM, São Paulo.

_______________. *Endereços da paz*, 1ª edição, 1982, Editora CEU, São Paulo-SP.

_______________. *Momentos de ouro*, 1977, Edição GEEM, São Paulo-SP.

_______________. *Palavras de vida eterna*, 36ª reimpressão, 2012, Uberaba, Editora Comunhão Espírita Cristã.

_______________. *Paz e libertação*, 1ª edição, 1996, Editora CEU, São Paulo-SP.